A collecti... phrases a... ...ners

Casgliad ...mau, ymadroddion ac idiomau Cymraeg a Saesneg i ddysgwyr y Gymraeg

D1102153

Welsh PHRASES for Learners

LEONARD HAYLES

y Lolfa

First impression: 1997
Fifth impression: 2015
© Leonard Hayles/Y Lolfa Cyf., 1997

ISBN: 0 86243 364 9

Illustrations: Eric Jones
Cover design: Robat Gruffudd

Printed and published in Wales
by Y Lolfa Cyf., Talybont, Ceredigion SY24 5HE
e-mail ylolfa@ylolfa.com
website www.ylolfa.com/
tel. (01970) 832 304
fax 832 782

Diolch

I would like to thank Jenny Pye for helping me learn Welsh and for her advice and constant encouragement. I also owe a great debt to Dewi Jones for all his help and support; he has spent many hours reading the text, discussing it and advising me. I have also had a great deal of help from many friends and I would like to thank them all.

Hoffwn ddiolch i Jenny Pye am ei help i ddysgu Cymraeg ac am ei chyngor a'i hanogaeth gyson. Rydw i'n ddyledus hefyd i Dewi Jones am ei gymorth a'i gefnogaeth yntau; treuliodd oriau lawer yn darllen y gwaith, yn trafod y testun, yn awgrymu a chynghori. Cefais hefyd lawer iawn o gymorth gan gyfeillion a hoffwn ddiolch iddynt oll.

L.J.C.H.

FOREWORD

I was five years into my retirement when I came with my wife, Pat, to live in Anglesey, although we had had a holiday caravan there and a sailing-boat mooring in Red Wharf Bay for several years before that and our children had grown up loving Anglesey. We were made very welcome and quite quickly decided to try to learn Welsh, joining one of the Wlpan Courses arranged throughout North Wales by the Extra-mural Department of the University of Wales at Bangor.

This book was not planned. It developed from notebooks in which I collected phrases to help me get into the language and to get the feel of it. The task of collecting them was fascinating, and I started consulting other books for more phrases. I filled two note-books and found that the collection aroused interest in my friends: it appeared there was a need for this kind of collection of everyday phrases and that such a book could be useful to learners.

I have received a great deal of help and encouragement from friends, fellow-students, teachers and strangers who became friends, so many that it is not possible to name them all, but I thank them here. My chief teacher has been Jenny Pye, and she has been a constant source of support and encouragement from the very first; my debt to her and to her charming family is enormous. It was she who introduced me to Dewi Jones, who has devoted many hours to reading the text, discussing it and advising me; I am fortunate in having had the benefit of the friendship, knowledge and scholarship of both Dewi and his wife Magdalen and I am very grateful to them.

I am not a Welsh scholar; I am still having difficulty learning but I enjoy it and plod on. I hope this book will be of use to fellow-learners, encouraging them and adding to their enjoyment of learning, reading and speaking Welsh.

Leonard Hayles

English-
Welsh

Saesneg-Cymraeg

A

a few times	ambell waith; (ychydig o) weithiau
a little; a little while	tipyn bach
a week ago	ers wythnos; wythnos yn ôl
about me	amdana(f) i
about to; on the point of	ar fin/fedr; bron â
above all	uwchlaw pob dim; yn anad dim
absolute truth, the	calon y gwir
absolutely right	yn llygad ei le
accidental	ar ddamwain
according to; ago; back	yn ôl
according to him	chwedl ef
accuse, to; to point the finger at	estyn bys at
accustomed to	cyfarwydd â
across the country; all over	lledled y wlad; o bant i bentan
across the street from	ar draws y stryd oddi wrth
after a long while	ymhen hir a hwyr
after all	wedi'r cwbl/cyfan
after me	ar fy ôl i
again and again	drachefn a thrachefn
against one's will	o'i anfodd; yn erbyn ei ewyllys
against one's wishes	yn groes i'w ddymuniad
against the grain	o anfodd ei ddannedd; yn groes i'r graen
agile; climbing like a goat	heini; yn dringo fel gafr

ago; back; according to	yn ôl
all	i gyd
all along the line; all the way	bob cam
all day	trwy'r dydd
all day; from morning to night	o fore gwyn tan nos
all day long	trwy gydol y dydd
all ears; listening intently	yn glustiau i gyd; yn gwrando fel hwch yn yr haidd; yn gwrando'n astud
all evening	trwy gyda'r nos
all kinds of things	pob math o bethau
all over her/him	drosti/drosto i gyd
all over the place	dros bob man; dros y lle i gyd
all the best; good luck	pob lwc/hwyl
all the better	gorau i gyd; gorau oll
all the time; still	o hyd
all the way	bob cam; yr holl ffordd
all thumbs; clumsy with the hands	yn fodiau i gyd
all up; in a hopeless situation	ar ben; wedi dod/mynd i'r pen
almost famished	bron â llwgu; bron clemio
along	ar hyd
along its breadth	ar (hyd) ei led
along its length	ar ei hyd
alternately	ar/bob yn ail
always	o hyd; bob amser; yn wastad
among them	yn eu mysg/plith
and so on	ac yn y blaen
and so forth	ac felly ymlaen
and such things	aballu *(Gogledd Cymru)*
anew; once again	o'r newydd; unwaith eto
angry; on one's high horse	ar gefn ei geffyl
another time	tro arall; rhywdro; rhywbryd eto
anyway; so what	beth/p'run bynnag; ta beth

apart from that	heblaw am hynny; ar wahân i hynny
apple of my eye, the	cannwyll fy llygad
arm-in-arm	braich ym mraich
artificial insemination	tarw potel
artificial respiration	adfer anadlu
arts and crafts	celf a chrefft
as (+ adjective or adverb) as	mor (+ ansoddair) â; cyn (+ ffurf gyfartal ansoddair) â
as a child	yn blentyn; fel plentyn
as a matter of fact	yn wir; mewn gwirionedd
as a rule	fel rheol
as before	fel o'r blaen
as blue as the sea	cyn lased â'r môr
as can be seen	fel y gellir gweld
as dead as a doornail	cyn farwed â hoel(en)
as far as	mor bell â; cyn belled â
as far as I know	am wn i; ar ddim a wn i; hyd y gwn i
as happy as a cuckoo	mor llawen â'r gog
as happy as a trout	mor llon â brithyll
as if	fel pe bai
as it's called	fel y'i gelwir hi/e/o
as long as a year	cyhyd â blwyddyn
as much as possible	cymaint â phosib(l); cymaint ag sydd modd
as new	fel newydd
as old as sin	mor hen/cyn hyned â phechod
as poor as a church mouse	mor dlawd â llygoden eglwys
as proud as the peacock	cyn falched â'r paun
as pure as gold	mor bur ag aur
as quiet as the grave	cyn ddistawed â'r bedd
as soon as	cyn gynted â
as sweet as sugar	mor felys â siwgr

as the crow flies	fel yr hed y frân; llwybr brân
as they say in English	chwedl y Sais
as true as the Lord's Prayer	cyn wired â'r pader
as warm as a dormouse	mor dwym â phathew
as well as	yn ogystal â
as yet	hyd yn hyn; hyd yma
at a gallop	ar garlam
at a standstill	wedi sefyll
at a weak moment	ar awr wan
at all	o gwbl
at all costs; come what may	costied a gostio; beth bynnag a ddaw; doed a ddelo
at all events; anyway	beth bynnag
at arm's length	o hyd braich
at best	ar y gorau
at daybreak	ar doriad y wawr; ar lasiad y wawr
at dusk	ym mrig y nos/yr hwyr; gyda'r nos
at fault; to blame	ar fai

at full speed	nerth ei draed/garnau
at hand; convenient	wrth law; gerllaw
at high speed	ar ras wyllt
at one's leisure; in one's own time	wrth ei bwysau
at home	gartre(f)
at (his) work	wrth ei waith
at its height; at its peak (storm etc.)	yn ei anterth
at last	o'r diwedd
at least	o leia(f); dim llai na
at loggerheads	yng ngyddfau/ym mhennau ei gilydd; yn benben â'i gilydd
at long last	ymhen hir a hwyr
at my leisure	wrth fy mhwysau
at once	ar unwaith; rhag blaen
at one time	ar un adeg
at other times	dro/bryd arall
at present	ar hyn o bryd
at short notice	ar fyr rybudd
at someone's apron-strings	wrth gynffon/wrth linyn ffedog rhywun
at speed	ar wib
at the appropriate time	yn llygad yr amser; ar yr amser cymwys/iawn; ar yr union amser
at the back of	wrth gefn
at the crack of dawn	yng nglas y dydd; ar lasiad/doriad y dydd
at the dead of night	yng nghanol y nos; yn nyfnder/ yn nhrymder/ym mherfeddion nos; gefn trymedd nos
at the end of	ar derfyn/ddiwedd
at the helm; in charge	wrth y llyw
at the latest	fan bella(f)

ar the moment	ar hyn o bryd/dro
at the point of coming	ar fin dod
at the root; the cause	wrth wraidd
at the same time	ar yr un pryd
at the time	ar y pryd
at the time (when/that)	ar yr adeg (pan/y)
at times	ar adegau/brydiau
at your disposal	yn barod ichi; at eich gwasanaeth
aware of	ymwybodol o

B

bachelor	hen lanc
back, behind my	y tu ôl i 'nghefn; yn fy nghefn
back, behind someone's	yng nghefn rhywun
backwards	wysg ei gefn; tuag yn ôl; am yn ôl; sha 'nôl *(De Cymru)*
backwards and forwards	yn ôl ac ymlaen
bad mood, in a	mewn hwyliau drwg
bad turn, a	tro gwael
baffled, to be	bod mewn penbleth
bank holiday, the	gŵyl y banc
barefaced; brazen	wynebgaled
barefaced lie, a	celwydd noeth
based on	seilicdig ar
basically	yn y bôn; yn sylfaenol
be at each other's throats, to	bod wddf yng ngwddf; bod yng ngyddfau'i gilydd
be desperate for, to	gweiddi/ysu/awchu am
be on edge, to	bod ar binnau/ar bigau'r drain

15

bear in mind, to	cadw mewn co(f)
beat about the bush, to	chwarae â'r peth; troi o boptu i'r berth; tin-droi
bee in his bonnet, he has a	mae ganddo chwilen yn ei ben
before long	cyn bo hir
before now	cyn hyn
before that; before then	cyn hynny
before time; early	cyn pryd; yn gynnar
before hand	ymlaen llaw
behind my back	yn fy ngwegil/nghefn
behind someone's back	yng nghefn rhywun
behind the scenes	y tu ôl i'r llenni
behind the times; not up-to-date	ar ei hôl hi
believe it or not	credwch neu beidio
best man	gwas priodas
best not to say anything	taw piau/biau hi
best of both worlds, the	y gorau o ddau fyd
best of luck	pob hwyl
better luck next time	gwell hwyl y tro nesa(f)
between ourselves	rhyngom ni a'n gilydd
beyond me	y tu hwnt i mi
big shots; notabilities	hoelion wyth
birthday	dydd pen blwydd
bite off more than one can chew, to	cymryd mwy o gegaid nag y gall ei llyncu
bite one's tongue, to	brathu tafod
black sheep	dafad ddu
bleeding like a pig	yn gwaedu fel mochyn
blind drunk	meddw gaib; chwil ulw beipan/gaib; yn feddw gaib
blind leading the blind, the	y dall yn tywys y dall
blockhead	penbwl; lob
blood, in cold	mewn gwaed oer

blood, young	gwaed ifanc
blood is thicker than water	nes penelin nag arddwrn
bluntly; directly	yn blwmp ac yn blaen
body and soul	corff ac enaid
bone of contention	asgwrn y gynnen
bone to pick, a; a difference to be settled	bod ag asgwrn i'w grafu; bod â mater annymunol i'w drafod
bonnet, he has a bee in his	mae ganddo chwilen yn ei ben
bosom friend	cyfaill mynwesol
bottom of the heart, from the	o eigion/waelod calon
Boxing Day	Gŵyl San Steffan
brand new	newydd sbon (danlli)
brass farthing, a; little money	dimai goch (y delyn)
brazen; barefaced	wynebgaled
bread and butter	bara menyn; brechdan
bread-man	dyn (y) bara
break the ice, to	torri'r garw
breath of life	anadl einioes
bribe, to; to grease one's hand	iro/euro llaw; rhoi cildwrn
building society	cymdeithas adeiladu
burn one's fingers, to	llosgi bysedd
bury the hatchet, to	cymodi; gwneud heddwch
busman's holiday	gŵyl nad gŵyl mohoni
but on the other hand	ond ar y llaw arall
buy a pig in a poke, to	prynu cath mewn cwd
by a long chalk; by far	o bell ffordd
by a whisker	o ychydig; o drwch blewyn
by accident	ar hap a damwain; yn ddamweiniol; ar hap
by all accounts	yn ôl pob sôn
by all means	ar bob cyfri(f); wrth gwrs
by and large	ar y cyfan; rhwng popeth; at ei gilydd
by courtesy of	trwy garedigrwydd

by dint of	trwy rym
by fair means or foul	trwy deg neu hagr/drwy dwyll; trwy drais neu drwy deg
by far; by a long chalk	o bell ffordd
by heart; from memory	ar go(f); ar dafod-leferydd
by himself; alone	ar ei ben ei hun; wrtho'i hun
by night	liw nos
by no means	ddim o gwbl
by now	erbyn hyn
by return of post	gyda throad y post
by the name of	o'r enw; wrth yr enw
by the time that	erbyn
by the way	gyda llaw
by their deeds	wrth eu ffrwythau; wrth eu gweithredoedd

C

call to mind, to; to recollect	galw i go(f)
canary's hope, a; no hope at all	gobaith caneri; gobaith mul (yn y *Grand National*)
carry the day, to; to win	cario'r dydd; ennill y dydd
catch a crab, to	cael caff gwag; methu â'r rhwyf
catch of fish, a	helfa bysgod
catchment area	dalgylch
cat's eyes; sharp eyesight	llygaid cath; llygad barcud
cat's lick; a lick and a promise	llyfiad cath
cat's nine lives, a	naw byw cath
cause trouble, to	codi twrw
central heating	gwres canolog
chance, by	ar hap a damwain

change hands, to	mynd o law i law; newid dwylo
change the subject, to	troi'r ddadl/stori; newid y pwnc/stori
charged with; accused of; on a charge of	ar gyhuddiad o
cheer up, to; to take heart	codi calon; sirioli
Cheers!	Iechyd da!
child, as a	yn blentyn; fel plentyn
childhood, my	fy mhlentyndod
childhood memory, a	co(f) plentyn
childhood, second	ail blentyndod
child's play	chwarae plant
close by; near	yn ymyl; gerllaw
close to one (in sentiment)	agos ato
close to one (in space)	agos iddo
close to one's heart	agos at ei galon
coal-man	dyn (y) glo
coat of arms	arfbais; pais arfau
cock-crow	caniad ceiliog; plygain
Code, Highway	Rheolau'r Ffordd Fawr
collar-bone	pont yr ysgwydd
cold blood, in	mewn gwaed oer
cold welcome, a	glasgroeso; croeso dros ysgwydd
Come!	Dere!;Tyrd! *(singular familiar)*; Dewch! *(singular polite, plural)*
Come in!	Dere/Tyrd i mewn! *(singular familiar)*; Dewch i mewn! *(singular polite, plural)*
Come on!	Dere/Tyrd ymlaen! *(singular familiar)*; Dewch ymlaen! *(singular polite, plural)*
come to an end, to	dod i ben
come to their senses, to	dod at eu coed; dod atyn(t) 'u hunain

come to think of it	erbyn meddwl
come what may/will; at all costs	beth bynnag a ddaw; costied a gostio; doed a ddelo
common knowledge; common talk (on everyone's tongue)	gwybodaeth gyffredinol; yng ngheg y byd
common talk (known to all)	ar dafod pawb/gwlad
common sense	synnwyr cyffredin
comprehensive school	ysgol gyfun
Congratulations!	Llongyfarchiadau!
consolation prize	gwobr gysur
constantly; continually	byth a beunydd/hefyd
contrary to	yn groes i
cool welcome, a	glasgroeso
corner of one's eye, out of the	trwy gil ei lygaid
count the chickens before they're hatched, to	cyfri(f) cywion cyn iddynt ddeor; cyfri(f) cywion cyn eu deor
count the cost, to	bwrw'r draul
crack of dawn, at the	ar las y dydd; ar doriad gwawr
crestfallen; downhearted	a'i ben yn ei blu
critical of	llawdrwm ar; beirniadol o
crocodile tears	dagrau gwneud; ffug-ddagrau
cruel to	cas wrth
cuppa, a; a cup of	panad; cwpanaid o
cut and thrust	trychu a gwanu

D

daily	dyddiol
dawn of time, the	bore'r byd
day after tomorrow, the	trennydd
day before yesterday, the	echdoe

day off, a	diwrnod o wyliau
day, the following	trannoeth
day, to our dying	hyd fedd
daybreak, at	ar lasiad y wawr; y bore glas; ben bore
dead of night	cefn (trymedd) nos; perfedd(ion) nos
dead right	yn llygad ei le
dead; up above	ar y galeri
deaf ear to, to turn a	troi clust fyddar i
deep inside me; in the marrow of my bones	ym mêr fy esgyrn
depressed; down in the dumps	yn y felan; yn isel (ei ysbryd)
depth of winter	trymder gaea(f)
despite; in spite of	er gwaetha(f)
diametrically opposed	yn hollol groes
difficult problem, a	problem ar y naw; cneuen galed
dim recollection	brith go(f)
directly; bluntly	yn blwmp ac yn blaen
distantly related	brith berthyn; perthyn o bell
do my level best, to	gwneud fy ngorau glas
docile; like a lamb	fel oen
dog's life, to have a	cael byw ci; cael bywyd ci
Don't…!	Paid â…! *(singular familiar)*; Peidiwch â…! *(singular polite, plural)*
Don't bother about it	Wfft iddo fe!; Paid â phocni!
don't take second best	nid da lle gellir gwell
don't you worry	hidia befo *(singular familiar)*; hidiwch befo *(singular polite, plural) (Gogledd Cymru)*
doubled up (in pain or laughter)	yn ei ddyblau/ddau ddwbl
down in the dumps; depressed	yn y felan; yn isel (ei ysbryd)

down and out	ar fy sodlau
downhearted; crestfallen	a'i ben yn ei blu
doze, to; to nod off	hepian; pendrymu; pendwmpian
draw lots, to	tynnu blewyn cwta; tynnu cwtws
driving instructor	hyfforddwr gyrru
drop of whisky, a	diferyn/joch/cropar o wisgi
duck's back, like water off a	fel dŵr ar gefn hwyaden
dying day, to our	hyd fedd

E

each other	ei gilydd; y naill y llall
eagle eye	llygad barcud
ear, a box on the	bonclust; clusten
ear-ache	pigyn clust; clust dost
early in the morning	yn y bore bach; yn blygeiniol
early riser, an	boregodwr; borewr; plygeiniwr
earn a living, to	ennill bywoliaeth
earnestly	o eigion calon; o ddifri(f)
earning one's living	ennill ei damaid
easy matter, an	chwarae plant
easy matter, not an	nid ar chwarae bach
elbow grease	eli penelin
elbow to elbow	elin wrth elin
empty talk	siarad gwag; gwag-siarad
end, in the	yn y diwedd
end of one's tether, at the	ar/wrth ben ei dennyn
end of the shift	diwedd shifft
end to end, from	o ben bwy gilydd
ere long; shortly	cyn bo hir; cyn hir; ar fyrder
escape one's memory, to	mynd dros go(f)

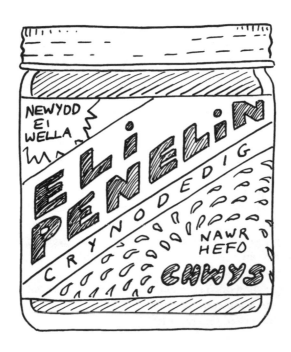

et cetera	ac ati
ever and anon	byth a hefyd
every living soul	pob perchen anadl; pob enaid byw
every now and then	bob hyn a hyn; o bryd i'w gilydd
every other	bob yn ail
every time	bob tro; bob amser
everyday speech	llafar gwlad
everyone	pob perchen anadl; pawb (oll)
everyone (every head with hair on it)	pob copa walltog
everything	popeth; pob dim
everywhere	pob man; ym mhobman

23

exactly	i'r dim
exactly like (his dad)	yr un ffunud/drwyn/sbit â('i dad)
exceedingly good	da dros ben; rhagorol
excessive; over the top	dros ben llestri
extant; on record	ar glawr
extempore; off the cuff	o'r frest; heb baratoi; ar y pryd; byrfyfyr
extremely bad	yn sobr o wael/sâl
extremely complex (like a pig's entrails)	fel perfedd mochyn
extremely pleased	andros o falch
extremely stubborn (like a mule)	yn ystyfnig/bengaled fel mul
eye to eye, to see; to agree	gweld lygad yn llygad; cyd-weld
eye-opener, an	agoriad llygad
eye-sore, an	dolur llygad
eyes larger than one's stomach (said when someone asks for more food than one can eat)	y llygaid yn fwy na'r bol

F

face of the facts, in	yn wyneb/yn ôl y ffeithiau
face to face	wyneb yn wyneb
fact, in; to tell the truth	a dweud y gwir
facts, in face of the	yn wyneb/yn ôl y ffeithiau
fail, without	heb ball; yn ddi-ffael
fair play	chwarae teg
fairly well	yn lled dda
fall in love with, to	syrthio mewn cariad â
fallible; flesh and blood	cig a gwaed

false teeth	dannedd dodi *(De Cymru)*; dannedd gosod
familiar with	cyfarwydd â
far afield; afar	ymhell
fast asleep	yn cysgu'n sownd/drwm
fat in the fire (the geese in the oats)	y gwyddau yn y ceirch
father's side, on his	o du/ochr ei dad
favour of, in	o blaid
feast, wedding	neithior
fed up with, to be	wedi cael llond bol
feel in my heart, to	teimlo ar fy nghalon
fifty-fifty	hanner a hanner
fight tooth and nail, to	ymladd â'i holl egni
figure of speech	ffigur ymadrodd; ffordd o siarad
finger in every pie (broth), a	bys ym mhob brywes
fingers, at the tips of one's	ar flaenau ei fysedd
first aid	cymorth cynta(f)
first come first served	y cynta(f) i'r felin (gaiff falu)
first of all	yn gynta(f) oll
first time, the	y tro cynta(f)
flash in the pan	llwyddiant dros dro; tân siafins
flat; spread-eagled (like a plaice)	fel lleden; ar ei hyd
flat feet (duck's feet)	traed hwyaden
flat on my back	ar wastad fy nghefn
fleeing; on the run	ar ffo
flesh and blood; fallible	cig a gwaed
flesh and bones	cnawd ac esgyrn
flight, in; on the run; fleeing	ar ffo
fly into a rage, to	gwylltio'n gacwn/gaclwm/ gandryll; lluchio cylchau
following day, the	trannoeth
folklore	llên gwerin

food and clothing (the belly and the back)	bwyd a dillad; y bola a'r cefn
food and drink	bwyd a diod
foot in the grave, one	un troed/droed yn y bedd
for a fortnight	am bythefnos
for a (short) period	am gyfnod (byr)
for a month	am fis
for a week	am wythnos
for a while	am dipyn
for all I know	am wn i
for another winter	am aea(f) arall
for better for worse	er gwell er gwaeth
for ever	am byth; bob amser
for ever to eternity	hyd yn dragywydd; i dragwyddoldeb
for ever and ever	byth bythoedd; yn oes oesoedd
for goodness' sake	er mwyn popeth
for hours on end	am oriau bwy gilydd
for my pains	am fy mhoen/nhrafferth
for my part	o'm rhan i
for sure; sure to be	siŵr o fod
for that matter	o ran hynny
for that reason	o achos hynny; am y rheswm hwnnw
for the life of me	yn fy myw
for the reason; on the grounds	ar dir/gorn; am y rheswm
for the sake of	er mwyn
for the sole purpose	yn unswydd
for the use of	at wasanaeth
for three weeks	am dair wythnos
for tonight	am heno
fore, to the	amlwg; blaenllaw; ar y blaen
forlorn hope	gobaith gwan
fortnight, for a	am bythefnos

fours, on all	ar ei bedwar; ar ei draed a'i ddwylo; ar ei ddwylo a'i draed
frame of mind	agwedd meddwl
free (and for nothing)	rhad ac am ddim
freelance	ar ei liwt ei hun
free of rust	rhydd o rwd
free-standing	ar ei draed ei hun
free will, of one's own	o'i wirfodd
frighten, to	codi ofn ar; hala ofn ar *(De Cymru)*
frighten, to; to make hair stand on end	codi gwallt ei ben
from above	oddi uchod
from afar	o hirbell
from all parts; from every part	o bob rhan
from dawn to dusk	o fore gwyn tan nos
from end to end	o ben bwy gilydd
from every part; from all parts	o bob rhan/cyfeiriad
from hand to hand	o law i law
from hand to mouth	heb baratoi; o'r llaw i'r genau; o ddydd o ddydd
from head to foot	o'i ben i'w draed; o'i gorun i'w sawdl
from here	oddi yma
from humble origins	o fôn y clawdd
from morning to night	o fore gwyn tan nos
from now on	o hyn allan
from one end to the other	o ben bwy gilydd
from pillar to post	o bared i bost
from strength to strength	o nerth i nerth
from the bottom of the heart	o waelod/eigion calon
from the cradle to the grave	o'r crud i'r bedd
from the four corners of the earth	o bedwar ban (y) byd

from the ends of the earth	o bellafoedd/eithafoedd byd
from the start	o'r cychwyn/dechrau
from then on	o hynny allan
from time immemorial	er cyn co(f)
from time to time; now and again	o dro i dro; o bryd i bryd; o bryd i'w gilydd; yn awr ac yn y man
from top to bottom	o'r brig i'r bôn
full length	yn ei hyd; ar ei hyd gyhyd
full of excitement	llawn cyffro
full of zest/fun/life	yn ei afiaith
full speed	nerth ei draed
full speed, at	fel lladd nadroedd
full to capacity; full up; packed	dan ei sang; yn llawn fel wy; yn llawn dop; gorlawn
further on	yn nes ymlaen; ymhellach ymlaen

G

gain the upper hand, to trechu	cael y llaw ucha(f)/drecha(f);
gallop, at a	ar garlam
get on with it, to	bwrw arni/iddi; dal ati; pydru arni
Get on with it!	Siapwch hi!; Ati â chi!; Pydrwch arni!; Ar ei hôl hi!
get on with other people, to	cyd-dynnu/cytuno/dod ymlaen â
get one's goat, to	poeni rhywun
get over, to; to recover	dod trwy; dod ato'i hun
get rid of, to	cael gwared â/o/ar
get something off one's chest, to	bwrw bol/ei fol
get things underway, to	gwthio'r cwch i'r dŵr; rhoi ar hwyl

get to grips with, to	mynd i'r afael â
gift of the gab, the	dawn siarad
give a boost, to	rhoi hwb
give it a try, to	rhoi cynnig arni
give thanks, to	diolch
give up, to	rhoi'r gorau i; rhoi'r ffidil yn y to
glass(ful), a	gwydraid; gwydriad
gnash the teeth, to	rhincian dannedd
Go!	Cer!; Dos! *(singular familiar)*; Ewch! *(singular polite, plural)*
Go as far as	Cerwch/Ewch cyn belled â
go like the wind, to	mynd fel y gwynt
go off the deep end, to	colli tymer/limpin
Go past	Cerwch/Ewch heibio i
Go straight on	Cerwch/Ewch yn syth ymlaen
Go to blazes!	Dos i ganu!; Cer i'r diawl/ i grafu! *(singular familiar)*
God forbid!	Na ato Duw!
God willing	os Duw a'i myn
going along slowly	yn mynd wrth ei bwysau; yn mynd dow-dow; yn mynd o dow i dow
going away	yn mynd i ffwrdd
going from bad to worse	yn mynd o ddrwg i waeth
going steadily	yn mynd gan bwyll
gone to the dogs	rhwng y cŵn a'r brain
good enough	digon da
good for you	gwyn eich byd chi; da iawn chi!
Good Friday	Gwener y Groglith
Good health!	Iechyd Da!
good humour	natur dda
good idea	syniad da
good journey, a	siwrnai dda
good terms, on	ar delerau da

good time, a	amser difyr
good living	byd da
goodbye	do boch chi; ffarwél; yn iach!
goodbye for now	da boch am nawr
goodbye, to say	canu'n iach
goodness knows!	dyn a ŵyr!
grandfather	tad-cu *(De Cymru)*; taid *(Gogledd Cymru)*
grandmother	mam-gu *(De Cymru)*; nain *(Gogledd Cymru)*
gradually	o dipyn i beth; fesul tipyn; yn raddol
great many, a	llawer iawn; lliaws
guest speaker	siaradwr gwadd
guide-book	llyfryn tywys; arweinlyfr
gust of wind, a	gwth o wynt; awel o wynt; chwa o wynt; cwthwm

H

had it not been for	oni bai am
hair's breadth, a	trwch (y) blewyn
hair's breadth, to a	i'r blewyn; i drwch y blewyn
hair stand on end, to make	codi gwallt pen
hair pin bend	tro pedol; tro tuag yn ôl
hair splitting	hollti blew
half-dozen	hanner dwsin
Hallowe'en	Calan Gaea(f)
hand, in; in operation; on-going	ar waith; ar y gweill
hand, in; in reserve	mewn llaw; wrth gefn

hand in hand	llaw yn llaw
Happy New Year	Blwyddyn Newydd Dda
hard-hearted	calon-galed
hardback (book)	cyfrol clawr caled
hardly	o'r braidd
hardly anyone	nemor un
hardly anything	nemor (o) ddim
hatchet, to bury the	cymodi; dod at eu coed
haunches, on one's	ar ei arrau; yn ei gwrcwd
have a dog's life, to	cael bywyd ci
have a go, to	rhoi cynnig arni
have kittens, to; to be frightened	cael cathod bach
have enough of, to; to have too much of	cael llond bol; cael (mwy na) digon o

having no effect; like water off a duck's back	aneffeithiol; fel dŵr ar gefn hwyaden
he needs his head examined	mae eisiau clymu/rhwymo ei ben
he will be greatly missed	mawr fydd y golled ar ei ôl
head in a noose, to put my	rhoi fy mhen yn y dorch; fy rhoi fy hun ar stanc
head over heels; headlong	pendramwnwgl
head over heels in love	dros ei ben a'i glustiau mewn cariad
head to foot, from	o'i gorun i'w sawdl; o'i ben i'w draed
headache	cur pen
heart, by; from memory	ar dafod-leferydd
heart, to learn by	dysgu ar go(f)
heart, to lose	colli calon; digalonni; gwangalonni
heart in my boots, with my; down-hearted	a'm calon yn fy (e)sgidiau
heart in my throat, with my; apprehensive	a'm calon yn fy ngwddf
heart of the matter; the truth	calon y gwir
heating, central	gwres canolog
heavens!	nefoedd!
heaven on earth	nefoedd ar y ddaear
heck of a noise	andros o sŵn
henceforth	rhag llaw; o hyn ymlaen; mwyach
henpecked (like a puppy)	fel ci bach
here and there	yma ac acw; yma a thraw; hwnt ac yma; i bob golwg
here, there and everywhere	ar hyd ac ar led
higgledy-piggledy	blithdraphlith
high horse, on one's	ar gefn ei geffyl
high time	hen/llawn bryd; hwyr glas

high spirits, in	yn llawn asbri; yn ei bethau; mewn hwyliau da
high water	penllanw
Highway Code	Rheolau'r Ffordd Fawr
hill and dale	bryn a dôl
hit it off, to	dod ymlaen yn dda
hit the nail on the head, to	taro'r hoelen ar ei phen
hit the note, to	taro'r nodyn
hither and thither	yma ac acw; yn ôl ac ymlaen
hold their own, to	dal eu tir
holiday, bank	gŵyl y banc
home, to go	mynd adre(f)
hop, skip and jump	herc a cham a naid; hwb, cam a naid
hope, forlorn	menter ddiobaith; gobaith gwan
hope for the best, to	gobeithio'r gorau
hopeless; no hope at all	gobaith caneri; gobaith mul (yn y *Grand National*)
hopping mad	yn wyllt gacwn
horizontal	yn llorweddol; yn wastad
horse, a willing	ceffyl parod
How can I get to the?	Sut galla i fynd i'r? Sut mae mynd i'r?
How does this strike you?; How does this suit you?	Sut mae hyn yn dy daro di?
How on earth?	Sut aflwydd?; Sut yn y byd?
however	fodd bynnag; p'run bynnag
hue and cry	gwaedd ac ymlid
hundred per cent	cant y cant
hundred yards, a	canllath

I don't believe it	choelia i byth
I don't know what to say about	wn i ddim beth i'w ddweud am
I'm lost	dw i ar goll
I'm married to	dw i'n briod â
I'm pleased to meet you	mae'n dda gen i gyfarfod â chi *(Gogledd Cymru)*; mae'n dda 'da fi gwrdd â chi *(De Cymru)*
I might just as well go	waeth i mi fynd *(Gogledd Cymru)*; man a man i mi fynd *(De Cymru)*
I suppose; it's likely	mae'n debyg
I wasn't born yesterday	ches i mo 'ngeni ddoe; nid ddoe y'm ganed i
I've had my say	dw i wedi cael dweud fy nweud
I wonder	ys gwn i; tybed
if not	oni; os na
if possible	os oes modd
if you wish	os mynni di *(singular familiar)*; os dymunwch *(singular polite, plural)*
ignore, to; to turn a blind eye to	cau llygaid ar
ill wind, an	awel groes
immediately	ar unwaith
impartial; unbiased	di-dderbyn-wyneb
in a flash/trice/wink	ar amrantiad/drawiad; mewn chwinciad/munud
in a hurry	ar frys
in a little while; soon	maes o law
in a month's time	ymhen y mis

in a quandary	mewn penbleth; mewn cyfyng-cyngor
in a temper	o'i go(f)
in a trice	ar amrantiad; mewn munud
in a weak moment	ar awr wan
in a wink	mewn chwinciad
in accordance with	yn unol â
in all seriousness	o ddifri(f) calon
in black and white; in writing	ar ddu a gwyn; mewn du a gwyn
in case; lest	rhag ofn
in court on a charge	o flaen ei well
in detail	yn fanwl
in direct sunlight	yn llygad yr haul
in favour of	o blaid
in full cry	yn llawn egni; ar ei eitha(f)
in gear	mewn gafael
in good time; no risk of being late	mewn da bryd
in hand; in operation; on-going	ar y gweill; ar waith; ar fynd; ar y masgau
in hand; in reserve	mewn llaw; mewn gafael; wrth gefn
in harmony	yn gytûn
in heaven; in clover	yn ei seithfed ne(f)
in his cups	yn ei gwrw; yn feddw gaib
in one's own opinion	yn ei dyb ei hun
in one's own time; at one's leisure	wrth ei bwysau
in his place, to put him	ei roi yn ei le
in one's prime	yn ei flodau; ym mlodau ei ddyddiau
in one's right mind	yn ei iawn bwyll
in its place (tidy)	yn ei le
in its time	yn ei bryd

in love	mewn cariad
in memory of	er cof/coffa am
in mourning	mewn du
in my blood	yn fy ngwaed
in my bones; instinctively	ym mêr fy esgyrn
in my element	yn fy elfen; wrth fy modd; yn fy mhethau
in one ear and out the other	i mewn trwy un glust ac allan drwy'r llall
in operation	ar waith; dan law; ar fynd
in order to	er mwyn
in place of	yn lle
in public	ar goedd; ar osteg
in readiness for	gogyfer â; yn barod at/i
in reality; in truth	mewn gwirionedd
in relation to	mewn perthynas â
in reserve; in hand	mewn gafael; wrth gefn
in shirt-sleeves	yn llewys ei grys
in spite of; despite	er gwaetha(f)
in spite of the fact	er gwaethaf y ffaith
in the balance	yn y fantol
in the dark (in the fog)	yn y niwl
in the depths of winter	yn nyfnder (y) gaea(f)
in the early hours of the morning	yn oriau mân y bore
in the end	yn y diwedd
in the event of	os bydd; os digwydd; petai
in the first place	yn y lle cynta(f)
in the form of	ar ffurf
in the fullness of time	yng nghyflawnder yr amser
in the least thing; in anything	yn y dim lleia(f); yn y lleia(f) peth
in the long run	yn y pen draw
in the main	gan mwya(f)

36

in the pink; very fit	yn holliach; yn fy hwyliau; fel y boi *(De Cymru)*
in the same boat	yn yr un cwch
in today's world	yn y byd sydd ohoni
in truth; in reality	mewn gwirionedd
in use	ar arfer; mewn arfer; ar fynd
in vogue	mewn bri
in writing; in black and white	ar ddu a gwyn
indebted to him	yn ei ddyled; yn ddyledus iddo
indoors and out	trwy'r tŷ ac allan; i mewn ac allan
inexperienced (as green as leeks)	cyn lased â'r cennin
instead of	yn lle
into the midst of	i blith; i fysg
innate	yn nhoriad ei fogail
Is there a problem?	Oes 'na broblem?
it depends	mae'n dibynnu
it doesn't matter about that	ta waeth am hynny; dyw hynny ddim o bwys
it is set (of a play or novel)	mae hi wedi ei lleoli (drama neu nofel)
it lends itself to	y mae'n addas i
it was a shame	piti garw; hen dro; trueni!; 'bechod!
it will do	fe wna'r tro; fe wnaiff yn iawn
it's a pity that	dyna hen dro fod
it's obvious	mae'n amlwg

J

just between ourselves	rhyngom ni a'n gilydd
just between the two of us	rhyngoch chi a fi a'r wal/pared
just gone (one o'clock)	newydd droi (un o'r gloch)
just like	yr un fath â
just now	gynnau; gynnau fach
just one	un yn unig
just the thing	i'r dim; yr union beth

K

keep a dog and bark oneself, to	cadw ci a chyfarth ei hun
keep one's nose to the grindstone, to	cadw trwyn ar y maen
keep at arm's length, to	cadw draw; cadw o hyd braich
keep fit, to	cadw'n heini
keep one's head, to	cadw ei ben
keep one's promise, to	cadw ei air; cywiro'i addewid
keep in mind, to	cadw mewn co(f)
keep one's ear to the ground, to	bod â chlust ar y ddaear
keep the balance, to	cadw'r ddysgl yn wastad
keep the hands clean, to	cadw'r dwylo'n lân
keep trying, to	dal i drio; dal ati
kick one's heels, to; to wait idly	cicio'r sodlau

kill two birds with one stone, to	lladd dau aderyn ag un garreg lladd dau aderyn/dwy frân ag un ergyd
knick-knacks	mân bethau
knock your heads together, to	cnocio/bwrw eich pennau yn ei gilydd

L

labour of love	llafur cariad
Land of my Fathers	Hen Wlad fy Nhadau
land on one's feet, to; to be lucky	glanio ar ei draed
last born child	cyw melyn ola(f); tin y nyth
last legs, on its	ar ei sodlau; ar ddarfod ei oes
last minute, at the	ar ben set
last night	neithiwr
last time, the	y tro diwetha(f)
last week	yr wythnos ddiwetha(f)
last year	(y) llynedd
late bird, a	aderyn y nos
late than never, better	gwell hwyr na hwyrach
lately; recently	yn ddiweddar
later on	yn nes ymlaen
latest, at the	fan bella(f)
laugh at, to; to make fun of	cael hwyl am ben
laugh in/up one's sleeve	chwerthin i fyny ei lawes; chwerthin ynddo'i hun(an)
lay the table, to	hulio'r bwrdd
learn by heart, to	dysgu ar y co(f); dysgu ar go(f); dysgu ar dafod-leferydd

leave someone in the lurch, to	cefnu ar rywun mewn cyfyngder; gwneud tro sâl â rhywun; gadael rhywun yn y baw/ar y clwt
Leave me alone!	Gadewch lonydd imi!
leeway, to make up	ennill amser
left; to the left *(directions)*	i'r chwith
left-handed help (i.e. help given reluctantly)	help llawchwith
left over; remaining	ar ôl
legs, on its last	ar ei sodlau; ar ddarfod ei oes
leisure, at my	wrth fy mhwysau
length and breadth	hyd a lled
length, at full	ar ei hyd
length, to keep at arm's	cadw draw; cadw o hyd braich
lengthways	ar ei hyd
Lent	Y Grawys
lest; in case	rhag ofn
let a house, to	gosod tŷ
let or hindrance, without	di-ludd; dilestair; heb ymyrraeth
let sleeping dogs lie	na ddeffro'r ci sy'n cysgu
let the cat out of the bag, to	gollwng y gath o'r cwd
level best	gorau glas
level with	yn gydwastad â
lick, a cat's; an inadequate wash	llyfiad cath
lie in ruins, to	mynd yn sarn
lie, a white	celwydd golau
light as a feather	yn ysgafn fel pluen
like a cow's tail	fel cynffon buwch
like a hen with one chick; fussy	fel iâr ag un cyw
like wildfire	fel tân gwyllt; fel cath i gythraul
likely to	yn debyg o; yn debygol o
lisp	deilen ar dafod

little by little	bob yn dipyn; o dipyn i beth; fesul tipyn
little while, in a	maes o law
live from hand to mouth, to	byw o'r llaw i'r genau; byw o'r bawd i'r genau
live in hope, to	byw mewn gobaith
live wire	un llawn bywyd
loggerheads, at	benben
long ago; for ages	erstalwm; ers amser
long last, at	ymhen hir a hwyr
long run, in the	yn y pen draw
long time ago, a	amser maith yn ôl
long while ago, a	ers tro byd; erstalwm
look a gift horse in the mouth, to	edrych yn llygad ceffyl benthyg
look after, to	gofalu am
look black, to; to appear ominous	edrych yn ddu; argoeli'n ddrwg
look forward to, to	edrych ymlaen at

look of it, by the	a barnu wrth yr olwg; i bob golwg; yn ôl pob tebyg
lop-sided; askew	cam; allan ohoni; acha wew (*De Cymru*)
Lord's Prayer, the	Gweddi'r Arglwydd
Lord's Prayer, as true as the	cyn wired â'r pader
lose heart, to	colli calon; digalonni; gwangalonni
lose one's appetite, to	colli stumog; colli archwaeth; bod â dim stumog
loss, at a	mewn penbleth
lots of things	llawer o bethau
love-song	cân serch
lucky, to be; to land on one's feet	glanio ar ei draed
lying down	ar ei orwedd; yn gorwedd; ar ei hyd

M

mackerel sky, a	awyr draeth; traeth awyr
make a big issue of it, to	gwneud môr a mynydd o'r peth
make a byword of, to	taenu sôn am
make both ends meet, to	cael dau ben llinyn ynghyd
make ends meet, to	cael deupen y llinyn ynghyd
make for, to; to head towards	mynd i gyfeiriad; ei gwneud hi am
make hair stand on end, to	peri i'r gwallt godi
make the bed, to	gwneud y gwely
make the grade, to	cyrraedd y safon

make up leeway, to	ennill amser yn ôl; adennill amser coll
make use of, to	gwneud defnydd o
male and female	gwryw a benyw
manner of speaking, a	ffordd o siarad
many a time	llawer tro
many times, at	lawer gwaith
married man	gŵr priod
married woman	gwraig briod
maybe; possibly	hwyrach; efallai; fe ddichon
May Day	Calan Mai; Clanmai
meals-on-wheels	pryd-ar-glud
meanwhile	yn y cyfamser
memorize, to	dysgu ar go(f); dysgu ar y co(f)
memory, a good	cof eliffant
memory like a sieve, a	co(f) fel gogr
mention, not to; much less	heb sôn am; llai sôn
milkman	dyn (y) llaeth
mind, out of one's; enraged	mynd o'i go(f); gwylltio'n lân; mynd yn gonion
minute, at the last	yn ben set; ar ben set
month, within a	o fewn mis; cyn pen mis
more and more	mwyfwy
more or less	mwy na heb; mwy neu lai
more than anyone (else)	yn anad neb
more than anything	mwy na dim; yn fwy na dim
more than enough	hen ddigon
more than likely	siŵr o fod; mwy na thebyg
more the better, the	gorau po fwya(f)
motorway	traffordd
much less; not to mention	heb sôn am
much less *(quantity)*	llawer (yn) llai; llai o lawer
much more *(quantity)*	mwy o lawer; llawer yn fwy; llawer mwy

mutter under one's breath, to myself, by	dweud dan ei ddannedd (ar fy mhen/ar ben/wrthyf) fy hun(an)

N

naked, stark	(yn) noethlymun; noethlymun groen *(Gogledd Cymru)*; porcyn *(De Cymru)*
namely; that is	nid amgen; hynny yw
name, Christian	enw bedydd
narrow escape, a	dihangfa gyfyng
nature reserve	gwarchodfa natur
nautical mile, a	môr-filltir; milltir fôr
near at hand	gerllaw; wrth law; yn ymyl
near enough	agos iawn; digon agos
near miss, a	go agos
nearer and nearer	nesnes
neck and crop	pendramwnwgl
neck and neck	ochr yn ochr
neck, up to one's	tros ei ben a'i glustiau
neither before nor after	na chynt na chwedyn
neither sheep nor lamb	na dafad nac oen
net loss	gwir golled
net profit	gwir elw
net weight	gwir bwysau
never; ever; still	byth
never (past); ever; always	erioed
nevertheless	serch hynny; er hynny; eto i gyd
New Year's Day	Dydd Calan
next day	trannoeth

next door but one	drws nesa(f) ond un
next door to	drws nesa(f) i
next thing, the	y peth nesa(f)
next to nothing	y nesa(f) peth i ddim
next week	yr wythnos nesa(f)
next year	y flwyddyn nesa(f)
nicety, to a; accurately	o drwch y blewyn
nick of time, in the	i'r funud; ar y funud ola(f)
night before last, the	echnos
night, dead of	cefn/perfedd nos
night, last	neithiwr
night, by	liw nos
nineteen to the dozen	fel pwll y môr
nineteen to the dozen, to talk	siarad fel melin bupur/melin glep; siarad pymtheg yn y dwsin
No chance!	Dim peryg(l)!; Fawr siawns!
no entry	dim mynediad
no good; not much	dim gwerth
no such luck	dim shwd lwc
no thanks!	dim diolch!
no value at all; worthless	diwerth
nonce, for the	am y tro
non-stop	di-baid
not a bad thing	eitha(f) peth
not a bit wiser	dim gronyn callach; yr un tamaid nes
not a full yard; not bright (of a person)	ddim yn llawn llathen
not a lot	dim llawer
not a soul; nobody at all	dim enaid byw; yr un enaid byw
not all there	heb fod yn llawn llathen
not before time	nid cyn pryd; nid rhy fuan
not far	nid nepell
not far from	ddim yn bell o

not in doubt	yn ddilys ddiamau
not likely to	ddim yn debygol o
not of great value	o ddim gwerth
not so	nid felly
not to mention	heb sôn am
not very far away	heb fod ymhell; nid nepell
not well	ddim yn dda
not without effort	nid ar chwarae bach
not yet; not again	dim eto
nothing	dim byd
nothing at all	dim o gwbl
nothing wrong with	dim byd yn bod ar; dim o('i) le ar
now and again;	o bryd i bryd; o dro i dro;
from time to time	o bryd i'w gilydd
now and then	ambell waith; rŵan/nawr ac yn y man
nowadays	yn y dyddiau hyn

O

O.K.	iawn
O.K.; very well	o'r gorau
occasionally	ambell waith
odds and ends	tameidiach
odds are that, the	y peth tebycaf yw
of all things	o bethau'r byd
of course	wrth gwrs; wrth reswm
of every shape and colour	o bob lliw a llun
of great value	gwerthfawr
of great value, not	o ddim gwerth; diwerth
of one's own accord	o'i wirfodd; ohono'i hun

of importance	o bwys
of one accord	yn unfryd; yn unfryd unfarn
off and on; now and then	yn awr ac yn y man
off-chance, on the	a'i bod hi'n digwydd; a bwrw ei bod yn digwydd
off shore	ger y lan; beth pellter o'r lan
off the cuff; extempore	o'r frest; heb ragbaratoi; ar y pryd; ar fyr rybudd; byrfyfyr
off the rails; astray	ar gyfeiliorn
off the record	yn answyddogol
offering, burnt	poethoffrwm
offing, in the	yn y pellter; yn y golwg; yn y dyfodol agos
often	yn aml; yn fynych
old age	henaint; henoed; hen ddyddiau
old hand, an	hen law ar
old hands; experienced people	hen ddwylo
old memories	hen atgofion; hen gofion
Olympic Games	gemau Olympaidd; campau Olympaidd
on a lease	ar les
on all fours	ar ei bedwar; ar ei ddwylo a'i draed; ar ei draed a'i ddwylo
on any account	ar unrhyw gyfri(f)
on approval	ar brawf; ar dreial
on average	ar gyfartaledd
on behalf of	ar ran; dros
on credit	ar goel
on duty	wrth ei waith; ar ddyletswydd
on earth	ar wyneb y ddaear
on good terms	ar delerau da
on his father's side	o du ei dad; ar ochr ei dad
on one's haunches	ar ei arrau; yn ei gwrcwd
on one's own	ar ei ben ei hun

on holiday	ar wyliau
on my conscience	ar fy nghydwybod
on no account	ddim ar unrhyw gyfri(f)
on one occasion	ar un achlysur; unwaith
on our behalf	ar ein rhan
on purpose	o fwriad
on record	ar gof a chadw
on tenterhooks; on pins; uneasy	ar bigau'r drain; ar binnau
on the contrary	i'r gwrthwyneb
on the corner	ar gornel; ar y gornel
on the grounds; for the reason	ar dir; am y rheswm
on the left	ar y chwith
on the left-hand side	ar yr ochr chwith
on the off-chance	a'i bod hi'n digwydd; a bwrw ei bod yn digwydd
on the outskirts	ar gwr; ar y cyrion
on the point of	ar fedr; ar fin
on the right	ar y dde
on the right-hand side	ar yr ochr dde
on the run; fleeing	ar ffo
on the shelf; unwanted	ar y silff
on the spot	yn yr unfan; yn y fan a'r lle
on the spur of the moment	ar gynhyrfiad y foment
on the threshold	ar drothwy
on the tip of my tongue	ar flaen fy nhafod
on tick	ar goel
on your behalf	drosot ti *(singular familiar)*; drosoch chi *(singular polite, plural)*; ar dy ran *(singular familiar)*; ar eich rhan *(singular polite, plural)*
once, at	ar unwaith

once more	unwaith eto
once upon a time	rhyw dro; un tro
one after another	un ar ôl y llall
one by one	o un i un; yn un ac un; bob yn un; fesul un
one, it is all; it's all the same	nid oes dim gwahaniaeth
only	unig; yn unig; dim ond
only, the	yr unig
only your best will do	nid da lle gellir gwell
open air	awyr agored
open, wide	lled y pen
originally	yn wreiddiol
other day, the	y dydd/diwrnod o'r blaen
other, every	bob yn ail
other side of	yr ochr arall i
other than	heblaw
out and out; through and through	i'r carn; o'r mwyaf
out of breath	a'i wynt yn ei ddwrn; wedi colli'i wynt
out of date	nas defnyddir; henffasiwn
out of hand; at once	ar unwaith; yn ddiymdroi; rhag blaen
out of one's mind; enraged	o'i go(f); gwallgo(f); yn wallgo(f); gorffwyll; cynddeiriog; lloerig
out of necessity	o raid; am fod rhaid
out of pocket	ar golled
out of respect to	o barch i
out of sight	o'r golwg
out of the frying-pan into the fire	o'r badell ffrio i'r tân; o ddrwg i waeth
outside	y tu allan i
outskirts, on the	ar gwr; ar y cwr; ar gyrion; ar y cyrion

over here	fan yma; fa'ma
over there	fan acw; fan'cw; fan yna; fan'na
over the top; excessive	dros ben llestri
over the weekend	dros y penwythnos; dros y Sul; fwrw'r Sul

P

packed; full up (e.g. theatre)	dan ei sang
pains, to take	cymryd trafferth; mynd i drafferth; ymdrafferthu
palm of my hand, in the	ar gledr fy llaw
palm of the hand	tor y llaw
Palm Sunday	Sul y Blodau
paperback	clawr papur/meddal
paper-man	dyn (y) papurau
paper money	arian papur
Parents' Association	Cymdeithas R(h)ieni
parish council	cyngor plwy(f)
Parliament, Member of (M.P.)	Aelod Seneddol (A.S.)
part, in	o ran; yn rhannol
parts of speech	rhannau ymadrodd
pass the buck, to	osgoi cyfrifoldeb
past, to rake up the	codi hen grach
patience, to try one's	trethu ei amynedd
pay attention, to	dal sylw; rhoi sylw i
pay dearly, to	talu'n hallt
pay through the nose, to	talu drwy'r trwyn
per cent	y cant
pick a bone, to	crafu asgwrn; trafod mater annymunol
piggy-back	ar y cefn (fel baich)

piece of one's mind, to give a	rhoi llond ceg; dweud faint sy(dd) tan y Sul; dweud y drefn
pig in a poke, to buy a	prynu cath mewn cwd
pillar to post, from	o bared i bost
pins, on; uneasy	ar binnau; ar bigau'r drain
pity, more's the; worse luck	gwaetha'r modd
plain as a pikestaff	fel golau dydd
please, if you	os gwelwch chi'n dda
Plough, the (constellation)	y Saith Seren; y Sosban
plus sign	arwydd adio
pocket, out of	ar ei golled
point, decimal	pwynt degol
point of, on the	ar ben; ar fin
poke one's nose into, to	rhoi ei big i mewn
poke, to buy a pig in a	prynu cath mewn cwd
Pole Star	Seren y Gogledd
postscript	ôl-nodyn
potter in the garden, to	twtio'r ardd
Prayer, the Lord's	Gweddi'r Arglwydd, y Pader
premium, at a	ar bremiwm
present, at; now	ar hyn o bryd; rŵan; yn awr; nawr
presently; before long; soon	yn y man; maes o law; toc
previous day, the	y diwrnod cynt
previously	o'r blaen; yn flaenorol; yn gynt
prey, birds of	adar ysglyfaethus
prick up one's ears, to	moeli clustiau; clustfeinio; gwrando'n astud
prime, in one's	yn ei anterth/flodau; ym mlodau ei ddyddiau
Prime Minister	Prif Weinidog
probability, in all	yn ôl pob tebyg
probably	ond odid
proceed, to	mynd rhagddo
process of time, in	yn nhreigl amser

promise, to keep one's	cadw ei air
proud as a peacock, as	cyn falched â'r paun
proud like a peacock	yn falch fel paun
public, in	yn gyhoeddus; ar goedd/ gyhoedd
pull no punches, to	heb bilo wyau
pull someone's leg, to	gwneud hwyl/sbort am ben rhywun
pull faces, to	gwneud stumiau; tynnu wyneb/ stumiau/gwep
purpose, on	o bwrpas; o fwriad
purpose, to serve the	ateb y diben
put my head in a noose, to	rhoi fy mhen i'w dorri/yn y fyddagl

52

put on weight, to;	magu bol
to nurse a belly	
put one's feet up, to	rhoi ei draed ar y pentan;
	rhoi ei draed i fyny
put one's finger on, to	rhoi bys ar
put one's foot down, to	rhoi troed i lawr; bod yn gadarn
put one's foot in it, to	rhoi troed ynddi
put to flight, to	gyrru ar ffo

quandary, in a	mewn penbleth
quarter past, a	chwarter wedi
quarter to, a	chwarter i
quench thirst, to	torri syched
question, in	dan sylw
question and answer	hawl/holi ac ateb
question mark	gofynnod
queue, in the	yn y gwt; yn y ciw
quick as lightning, as	fel mellten
quick, to the; very deeply	i'r byw; hyd y byw
quiet as the grave, as	yn dawel fel y bedd
quiet, on the	yn ddistaw bach
quite busy	pur/go/reit brysur
quite different	hollol wahanol
quite enough	hen ddigon
quite near	eitha(f) agos; nid nepell
quite pleased	eitha(f) balch
quite willing	eitha(f) bodlon
quotation marks	dyfynodau

R

race, cross-country	ras draws gwlad
race, relay	ras gyfnewid
race, the human	yr hil ddynol
rain cats and dogs, to	bwrw hen wragedd a ffyn
raise a hare, to; pursue an irrelevancy	codi ysgyfarnog/sgwarnog
rake up the past, to	codi hen grach
random, at	ar antur; ar amcan
rarebit, Welsh	caws pobi; caws pob
rather than	yn hytrach na
read between the lines, to	darllen meddwl rhywun

read the Riot Act, to; to scold	dweud y drefn
readiness for, in	ar gyfer; at
reason of, by; on the grounds of	oherwydd; o achos; oblegid; trwy; ar gyfri(f)/sail/dir
reason for	ar dir/sail
rebound, on the	ar adlam
recently	yn ddiweddar
recollection, a faint	brith go(f); glas go(f)
record, off the	yn answyddogol
record, on	ar gof a chadw; ar glawr
record, to break the	torri'r record
Red Cross, the	Y Groes Goch
red like blood	yn goch fel gwaed
reflex action	gweithred atgyrch; ymateb greddfol
regards, as; with regard to	ynglŷn â; gyda golwg ar
reluctantly	ar hyd ei din
remainder of my life	gweddill fy oes
remarkably well	yn od/syndod o dda
reserve, in	wrth gefn
reserve, nature	gwarchodfa natur
reserved seat	sedd gadw
respect of, in	ynglŷn â
respect to, with	gyda golwg ar
return of post, by	gyda throad y post
rigmarole	rwtsh-ratsh; cawdel; rwdl-mi-ri; rwdl-mi-radl; lol botes; cleber wast
right; to the right	i'r dde
rightly or wrongly	yn gam neu'n gymwys
roaring like a lion	yn rhuo fel llew
roll up your sleeves, to	torchi llewys
roof of the mouth	taflod y genau
rough and ready	rywsut rywfodd

round like an apple	yn grwn fel afal
rule of thumb	synnwyr y fawd; amcan gof/saer a mesur teiliwr
run away, to	rhedeg i ffwrdd
run with the hare and hunt with the hounds, to	hys gyda'r cŵn a hwi gyda'r cadno
rung of a ladder	ffon ysgol; ffon ystol *(Gogledd Cymru)*

S

safe conduct	trwydded
St. David's Day	Dydd Gŵyl Ddewi
sake of, for the	er mwyn
sale, for	ar werth
salt in the blood	halen yn y gwaed
same, all the	er hynny; serch hynny
same thing, the	yr un peth
same time, at the	ar yr un pryd
save my skin, to	achub fy nghroen
save one's face, to	gochel gwarth; cadw wyneb
say; let's say	dyweder
scapegoat, a	bwch dihangol; pric pwdin
scarecrow, a	bwgan brain
second to none	heb ei ail
second-hand	ail-law; yn ail law
see the back of, to; to be rid of	gweld cefn
seeing like a cat; eyes like a cat	yn gweld fel cath

seize the opportunity, to	dal/manteisio ar y cyfle; achub y cyfle
self-raising flour	blawd codi
sense of humour	synnwyr digrifwch
sense, common	synnwyr cyffredin
set to music, to	gosod geiriau ar alaw/gân
several times	sawl gwaith; droeon
shady character, a	aderyn brith
shaking like a leaf	yn crynu fel deilen
Shame on him!	Wfft iddo!; Rhag cywilydd iddo!; Rhag ei gywilydd!; Ffei ohono!
sharp-sighted (like a broth – from the droplets of grease on the top)	yn llygadog fel brywes
sharp-sighted like a cat	yn llygadog fel cath
sharp hearing; a sensitive ear	clust fain
sharp tongue, a	tafod fel rasel
shed tears, to	colli dagrau
sheep's clothing, in	mewn croen dafad
sheep's clothing, a wolf in	blaidd mewn croen dafad
She's been trained as	Mae hi wedi cael ei hyfforddi i fod yn
short shrift, to give	dangos dim trugaredd
shortly	ar fyr o dro
shoulder to shoulder	ysgwydd yn ysgwydd
show one's colours, to	dangos ei ochr
show one's anger, to	dangos ei ddannedd
shreds, in	yn llarpiau
shrift, to give short	dangos dim trugaredd
shy of, to fight	osgoi
side by side	ochr yn ochr
side of, by the	wrth ochr
signs of the times	arwyddion yr amserau
since when?	ers pryd?

since, long	ers amser
sinecure, a; a cushy job (the servant of a whistler's servant)	gwas i was chwibanwr
sing like a bird, to	canu fel aderyn
skin and bones; very thin	croen ac esgyrn
skin of one's teeth, by the	wrth groen ei ddannedd
skin, to save my	achub fy nghroen
slam the door in one's face, to	cau'r drws yn ei ddannedd; cau'r drws yn ei wyneb
sleep like a top, to;	cysgu fel top
sleep soundly, to	cysgu'n drwm
sleep soundly, to (like a mole)	cysgu fel gwadd; cysgu fel twrch (daear)
sleep soundly, to (like a pig)	cysgu fel mochyn
slogging away at it	yn pannu/pydru/palu arni
slowly	yn ara(f) deg
slowly; loitering; dawdling	yn dow-dow; o dow i dow
sly as a fox	yn gyfrwys fel llwynog/cadno
small of the back, the	y meingefn
small hours; early morning	oriau mân (y bore); bore bach
small talk	mân siarad
snap one's fingers, to	rhoi clec ar fy mawd
so far	hyd yma
so much the better	gorau oll
so she said	meddai hi
so-and-so	hwn a hwn; hon a hon; y peth a'r peth
soap opera	opera sebon
soft-hearted	calon-feddal
sold as seen	dan ei fai
someone else	rhywun arall
somehow	rhywsut
somehow or other	rhywsut neu'i gilydd

sometimes	weithiau; ambell waith/dro
something the matter	rhywbeth yn bod: rhywbeth o('i) le
sooner or later	yn hwyr neu hwyrach
sooner the better, the	gorau po gynta(f)
sore throat	dolur gwddw *(Gogledd Cymru)*; llwnc tost *(De Cymru)*
sorts, out of	symol; cwla; di-hwyl; anhwylus
space shuttle	gwennol ofod
spare time	oriau hamdden; oriau segur
spend the weekend, to	bwrw'r Sul
spite of, in	er gwaetha(f)
spite of one, in	er ei waetha(f)
spite of that, in	serch hynny
splice a rope, to	plethu rhaff
split hairs, to	hollti blew
spoken, in the...language	ar lafar
spot, on the	yn yr unfan; yn y fan a'r lle
spreadeagled; flat (like a plaice)	fel lleden; ar ei hyd
spring-cleaning	glanhau'r gwanwyn
spur of the moment, on the	ar gyhyrfiad y foment
square inch	modfedd sgwâr
stager, old	hen law
stake, at	yn y fantol
stammer, a (a leaf on the tongue)	atal dweud; deilen ar dafod
stand the test, can; dependable	y gellir dibynnu arno
standard of living	safon byw
stands to reason, it	y mae'n rhesymol; wrth reswm
standstill, at a	yn stond; yn yr/ei unfan
star turn	prif atyniad

stark naked	(yn) noethlymun; noethlymun gorn
starting point	man cychwyn
stave off, to	cadw draw; troi heibio; atal rhag digwydd
step by step	bob yn gam; gam a cham; o gam i gam
step into the breach, to	neidio i'r adwy
steps, in one's	yn ôl ei droed
stomach ache	poen bol
Stone the crows!	Myn brain i!
straight down *(giving directions)*	yn syth i lawr
straight in the eye	i fyw llygad; ym myw llygad
straight on *(giving directions)*	yn syth ymlaen
straight up *(giving directions)*	yn syth i fyny
stranger, a	aderyn dieithr
strive might and main, to	rhoi pob gewyn ar waith
strong drink	diod gadarn
stubborn like a mule	ystyfnig fel mul; pengaled fel mul; penstiff *(De Cymru)*
stuck, to be; to be baffled	bod mewn penbleth
stumbling-block	maen tramgwydd
stupid (like a brush-handle)	fel croes brws
subject, to change the	troi'r stori
succession, in	o'r bron; yn olynol; o'u cwr
such a thing!	y fath beth!
suit you, to	dy daro di
suitcase	bag dillad
suntan	lliw haul
Sunday best (clothes)	dillad dydd Sul; dillad parch
sunset	machlud
supposed to be	i fod
sure to be; for sure	siŵr o fod

surprised, to be agreeably	siom ar yr ochr orau
sweet as sugar, as	mor felys â siwgr
sweet tooth	dant melys
swift as the wind	cyn gyflymed â'r gwynt; yn mynd fel y gwynt

T

take after (his dad), to	ymdebygu i('w dad); tynnu ar ôl (ci dad); yr un ffunud â('i dad)
Take care!	Cymerwch ofal! *(singular polite,*
plural)	
take care of, to	gofalu am
take for granted, to	cymryd yn ganiataol; bwrw bod
take pains, to	cymryd trafferth; ymdrafferthu; ymboeni
take part, to	cymryd rhan
take time, to	cymryd pwyll
take your place, to	cymryd eich lle
talk, common (on everybody's tongue)	ar dafod pawb
talk gibberish, to (Welsh/English)	siarad siprys (oats and barley mixed)
talk non-stop, to	siarad fel pwll y môr/fel melin bupur/fel carreg â thwll
talk shop, to	siarad siop
tame (as a calf)	llywaeth fel llo
taste, to one's	at ddant
teach one's grandmother to suck eggs, to	yr oen yn dysgu i'r ddafad bori/frefu; dysgu pader i berson

teatime	amser te
teens	arddegau
tell the truth, to	dweud y gwir
telling-off, to give a	rhoi pryd o dafod; dweud y drefn
tenterhooks, on	ar bigau'r drain
terribly	coblyn o
tether, at the end of one's	wrth/ar ben ei dennyn
thank goodness!	diolch byth!
that cannot be altered	digyfnewid; fel cyfraith y Mediaid a'r Persiaid
that	hynny; hynna (hyn yna)
that's all	dyna i gyd
that's better	dyna welliant
the same as	yr un fath â
the same length as	yr un hyd â; cyhyd â
then; afterwards	wedyn
then; at that time	y pryd hynny/hwnnw
there's no doubt about it; there's no two ways about it	does dim dau/dwywaith amdani; heb os nac oni bai
these	y rhai yma; y rhain
third, a; one third	traean
this side	y tu yma; yr ochr yma
this time	y tro yma/hwn
thorn in the flesh/side, a	draenen yn yr ystlys; swmbwl yn y cnawd
those	y rhai yna; y rheina
though, as; as if	fel pe bai
thrash, to; to give a thrashing to	rhoi cweir/cosfa/crasfa/coten i;
three days	tridiau; tri diwrnod
three days' time, in	tradwy
three tries for a Welshman	tri chynnig i Gymro
threshold of, on the	ar drothwy
through and through	i'r carn; trwodd a thro

through fire and water	trwy ddŵr a thân
through thick and thin	trwy'r drain a'r drysni
through ticket, a	tocyn bob cam
throughout; from top to bottom	o'r brig i'r bôn; o'i gorun i'w sawdl
throughout Wales (from Anglesey to Gwent)	o Fôn i Fynwy
throughout Wales (from Holyhead to Cardiff)	o Gaergybi i Gaerdydd
throw dust in one's eyes, to	taflu llwch i'w lygaid
thumb, rule of	synnwyr y fawd; synnwyr bawd; amcan gof/saer a mesur teiliwr
thumb, under someone's	dan fawd rhywun
thunder	tyrfau (tyrfe) *(De Cymru)*
	taranau *(Gogledd Cymru)*
thunder and lightning	tyrfau a lluched *(De Cymru)*
	mellt a tharanau *(Gogledd Cymru)*
tied to his mother's apron-strings	wrth linynnau ffedog ei fam
tide, turn of the	blaen (y) llanw
tight corner, in a	rhwng y cŵn a'r clawdd
time ago, a long	ers tro byd; ers talm
time being, for the	am y tro
time, for some (hours)	ers meitin
time, for some (days)	ers tro
time, once upon a	rhyw dro; un tro
time, to pass the	difyrru'r amser
time to time, from	o bryd i'w gilydd
time will tell	amser a ddengys
times, at	ar brydiau; ar adegau
tip of tongue	blaen (y) t/dafod
tip to toe, from	o'r corun i'r sawdl
tiptoe, on	ar flaenau'r traed
tirade, a	pryd o dafod

tired out	wedi blino'n lân; wedi ymlâdd
to all appearances	i bob golwg; yn ôl pob golwg
to all intents and purposes	i bob pwrpas
to and fro	ôl a gwrthol; yn ôl ac ymlaen
to one's cost	ar ei golled
to no avail, it's	thycia/ddaw hi ddim
to say to	dweud wrth
to the left *(giving directions)*	i'r chwith
to the right *(giving directions)*	i'r dde
together with	ynghyd â
tomorrow, the day after	trennydd
tongue in cheek	a'i dafod yn ei foch; a'i enau am ei ddaint
tongue, on the tip of the	ar flaen (y) d/tafod; blaen (y) d/tafod
tongue, to bite one's	brathu tafod
tongue-tied	tafodrwym
too much (of)	gormod o; gormodedd o; syrffed o
tooth, a sweet	dant melys
tooth and nail, at it	wrthi fel lladd nadroedd
tooth and nail, to fight	ymladd â'i holl egni
top of, on	ar ben; ar ucha(f); ar gefn *(Gogledd Cymru)*
toss and turn, to	troi a throsi
touch and go	cael a chael
touch and run	chwarae cis
touch a sore spot, to	rhoi bys ar gig noeth; rhoi bys yn llygad
trade mark	nod masnach
traffic lights	goleuadau traffig
treasure hunt	helfa drysor
trice, in a	mewn chwinciad; mewn munud; ar amrantiad
trick, a shabby	tro gwael

trim, in good	mewn gwedd dda/cyflwr da; graenus
truant, to play	chwarae triwant; mitsio
truck with, to have no	gwrthod yn lân â thrafod
true as the Lord's Prayer	cyn wired â'r pader
true enough	digon gwir
truth to tell	a dweud y gwir
truth, in	mewn gwirionedd
truth, the very	calon y gwir
try one's patience, to	trethu ei amynedd
Tuesday, Shrove	Dydd Mawrth Ynyd
tug of war	tynnu rhaff; tynnu torch
turn a blind eye to, to; to ignore	cau llygaid ar
turn of the tide	blaen (y) llanw
turn on one's heel, to	troi ar ei sawdl
turn over a new leaf, to	dechrau o'r newydd; troi dalen newydd
turn someone round your little finger, to; to get your own way	troi rhywun o gwmpas eich bys bach
turn the tables on, to	troi'r byrddau ar; cael y trechaf ar
turn tail, to	ffoi
turn turtle, to	troi wyneb i waered; troi â'i ben i lawr
turn, a bad	tro gwael
turning-point	trobwynt
twenty-four hours	pedair awr ar hugain
twice as much; twice as many	cymaint arall; cymaint ddwywaith
twinkle of an eye, (in the); the twinkling of an eye	(mewn) trawiad llygad; (mewn) chwinciad
two by two	fesul dau; bob yn ddau
two days hence; two days later	trennydd
two left hands; awkward	dwy law chwith; trwsgl; di-lun

unable to believe my ears	methu credu fy nghlustiau
unbiased; impartial	di-dderbyn-wyneb
uncalled for	di-alw-amdano/i
under a cloud; in trouble	(o) dan gwmwl
under a pseudonym	(o) dan ffugenw
under her breath	(o) dan ei gwynt
under one's breath	(o) dan ei wynt
under lock and key	(o) dan glo
under my hand; signed by me	(o) dan fy llaw
under my nose	(o) dan fy nhrwyn
under one's feet; in the way	(o) dan draed
under pressure	(o) dan bwysau
under reproach	(o) dan lach
under someone's thumb	(o) dan fawd
under the cover of	(o) dan gochl; (o) dan esgus
under the hammer;	(o) dan yr ordd
** up for auction**	
under the impression	(o) dan yr argraff
under the roof of	(o) dan gronglwyd
under the thumb	(o) dan fawd
under the wing of;	(o) dan adain
** under guidance**	
under threat	(o) dan fygythiad
underfoot; oppressed	(o) dan draed
underground	(o) dan ddaear
underhanded	(o) dan din
understand, to give to	rhoi ar ddeall
uneasy; on pins	ar binnau; ar bigau'r drain
unemployment benefit	tâl y di-waith; budd-dal diweithdra
unique; on one's own	ar ei ben ei hun; unigryw

unknowingly	heb yn wybod
unpalatable truth	caswir
until; up to that time	hyd hynny
until daybreak	hyd doriad dydd
until nightfall	hyd fachlud haul; hyd nos
until now	hyd yma
unwanted; on the shelf	ar y silff
unwillingly; against one's will	o'i anfodd; yn groes i'r graen
up in arms	yn barod i ymladd
up to one's neck	dros ei ben a'i glustiau
up to now	hyd yn hyn
up to that time; until	hyd hynny
up to you	i fyny i ti
upper hand (on), to gain the	cael y llaw uchaf (ar)
upstairs	ar y llofft; yn y llofft; lan/fyny llofft
upstream	i fyny'r afon
use, in	ar arfer; mewn arfer; ar fynd; ar waith
use of, for the	at wasanaeth
usually; as usual	fel arfer
utmost, to the	i'r eithaf

V

vague recollection, a	brith go(f)
vain, in	yn ofer
variance, at	yn anghytuno â; yn anghyson â
very early (before the dogs of Chester arise!)	cyn codi cŵn Caer
very thing, the	yr union beth

very well	o'r gorau
vogue, in	mewn bri
voice, at the top of one's	nerth ei ben/geg; ar ucha(f) 'i lais; nerth esgyrn ei ben

W

wake of, in the	yn sgil; o'r tu ôl i
walk leisurely, to	cerdded ling-di-long/o dow i dow/ dow-dow
wall, with backs to the	mewn cyfyngder
walls have ears	mae gan gloddiau glustiau; mae gan foch bach glustiau mawr
war of nerves	rhyfel nerfau
wash one's hands of, to	golchi ei ddwylo o; ymwrthod â
waste time, to	colli amser
way, all the	bob cam
way, by the	gyda llaw
way of life	ffordd o fyw
weak moment, at a	ar awr wan; ar funud (g)wan
weary, to grow	llaesu dwylo; dechrau blino
weather forecast	rhagolygon y tywydd
weather-vane	ceiliog (y) gwynt
Wednesday, Ash	Dydd Mercher Lludw
week ago, a	wythnos yn ôl
weigh anchor, to	codi angor
weigh one's words, to	dewis ei eiriau yn ofalus
welcome to our midst	croeso atom (ni)
welfare state	gwladwriaeth les
well acquainted with	hen gyfarwydd â
well done!	da iawn!
well, fairly	yn lled dda

well, very	yn dda iawn
well-informed, to be; to have one's ear to the ground	bod â chlust ar y ddaear
Welsh rarebit	caws pob; caws pobi
Welshman through and through, a	Cymro i'r carn; Cymro glân gloyw
were it not for; had it not been for	oni bai am
what-d'you-call-it	be-chi'n-galw *(singular polite,* *plural)*; be-ti'n-galw *(singular* *familiar)*; beth'ma
what on earth?	beth yn y byd?
what's the difference?	beth ydi'r ots?; pa wahaniaeth?
whatever the weather	beth bynnag fo'r tywydd
wherever	lle bynnag
wherewithal, the (money)	y modd
while; as long as	tra bo; cyhyd â bo; cyhyd ag y bo;
while, for a	am ychydig; am ysbaid
while, in a little	toc; ymhen gronyn bach; ymhen ennyd
while since, a good	ers tro; erstalwm
whisky, a drop of	diferyn/joch o wisgi
white lie (tactful falsehood)	celwydd gwyn
white lie (trivial falsehood)	celwydd golau
Whit Monday	Llungwyn
Whit Sunday	Sulgwyn
who knows?	pwy a ŵyr?
whole, on the	at ei gilydd; gan mwya(f)
why?	pam?
why not?	pam lai?
why on earth?	pam ar y ddaear?
wide open	lled y pen
wide-awake	ar ddi-hun; hollol effro
wildfire, like	fel tân gwyllt; fel cath i gythraul

will, against one's	o'i anfodd; ar hyd ei din; yn groes i'r graen
will, come what	doed a ddelo
will, free	rhydd ewyllys
willing, quite	eitha(f) bodlon
willing horse, a	ceffyl parod
will-o'-the-wisp	tân llewyrn; jac y lantar
will this one do?	wnaiff hwn y tro?
win the day, to	cario'r dydd; mynd â hi
wink, in a; in a trice	mewn chwinciad; ar amrantiad
winks, forty	cyntun; nap
wiser, not a bit	dim gronyn/mymryn callach; yr un blewyn nes
wishful thinking	cred gyfeiliornus; breuddwyd gwrach
wit, to	hynny yw
with all due respect	â/gyda phob parch
with all one's might	â'i holl nerth; â'i ddeng ewin; nerth braich ac ysgwydd
with backs to the wall	mewn cyfyngder
with might and main	â'i holl egni; gymaint fyth
with one accord	yn unfryd; yn unfryd unfarn
with the exception of	ac eithrio
with the sole purpose	yn unswydd
within a stone's throw	o fewn ergyd carreg
within a whisker; almost	o fewn dim; o drwch (y) blewyn
within reach	o fewn cyrraedd
within seconds	ymhen eiliadau; mewn ychydig eiliadau
without a care in the world	heb ofal yn y byd
without a sound	heb siw na miw; heb smic
without a trace	heb na siw na miw
without beating about the bush	heb hel dail

without doubt	heb os nac oni bai; yn ddiamheuol
without equal	heb ei ail; di-ail; digymar
without fail	heb ball; yn ddi-ffael; yn ddi-feth
without one's knowing	heb yn wybod iddo
without let or hindrance	heb ymyrraeth; yn ddilestair
without my knowing	heb yn wybod i mi
without pulling punches	heb bilo wyau
without turning a hair	heb droi blewyn
woe is me!	gwae fi!
wolf from the door, to keep the	cadw newyn draw; cadw'r blaidd o'r drws
wolf in sheep's clothing, a	blaidd mewn croen dafad

GWLÂN CYMRU

71

won't do for him, it; he dare not	nid gwiw iddo; (does) wiw iddo;
word of advice, a	gair o gyngor
word of thanks, a	gair o ddiolch
word to the wise, a	gair i gall
word processor	prosesydd geiriau
world as it is today, the	y byd sydd ohoni
world, it's a small	on'd ydi'r byd yn fach!
worse and worse; going from bad to worse	gwaethygu; yn mynd o ddrwg i waeth; os drwg cynt, gwaeth wedyn
worse luck; more's the pity	gwaetha'r modd
worse than	gwaeth na
worth his salt	gwerth ei halen
worthwhile	gwerth y drafferth; gwerth chweil
worthless	diwerth
write one's name, to	torri enw (ar)
writing, in; in black and white	ar ddu a gwyn; mewn du a gwyn
wronged, to be	cael cam
wrongly	ar gam

Y

Year, a Happy New	Blwyddyn Newydd Dda
year, last	(y) llynedd
year, this	eleni
yellow (like a gypsy)	melyn fel sipsi
yellow (like a sovereign)	melyn fel sofren
yesterday	ddoe
yesterday, the day before	echdoe

you don't say!	taw *(singular familiar)*/tewch *(singular polite, plural)* â dweud/ sôn!; 'Dach chi ddim yn dweud!
you might as well	waeth i ti
you shouldn't	ddylech chi ddim
you will have	fe gewch
you won't be disappointed	chewch chi mo'ch siomi
Yours faithfully	Yr eiddoch yn ffyddlon
Yours sincerely	Yr eiddoch yn bur
Yours truly	Yr eiddoch yn gywir
youth club	clwb ieuenctid
youth hostel	gwesty heicwyr; gwesty/hostel ieuenctid
Yule log	bonyn/boncyff Nadolig

Z

zebra crossing	croesfan sebra; lle i groesi
zero absolute	sero eithaf
zigzag	igam-ogam
zigzag, to	igam-ogamu
zip-fastener	ffasner sip
zodiac, signs of the	y sygnau; arwyddion y sidydd

Cymraeg-Saesneg

Welsh-English

a bwrw ei bod yn digwydd	on the off-chance
ac felly ymlaen	and so forth
a'i ben yn ei blu	crestfallen; downhearted
a'i bod hi'n digwydd	on the off-chance
a'i dafod yn ei foch; a'i enau am ei ddaint	tongue in cheek
â'i holl egni	with might and main
â'i holl nerth	with all one's might
a'i wynt yn ei ddwrn	in a hurry; breathless
a minnau	me too; I also
a'm calon yn fy (e)sgidiau	with my heart in my boots; full of trepidation
a'm calon yn fy ngwddf	with my heart in my throat; anxious
aballu *(Gogledd Cymru)*	and such things
ac ati; ac yn y blaen	and so on; et cetera
ac eithrio	with the exception of
achub fy nghroen	to save my skin
achub y blaen	to forestall
achub y cyfle	to seize the opportunity
adar ysglyfaethus	birds of prey
aderyn brith	a shady character
aderyn dieithr	a stranger
aderyn y nos	a late bird
Aelod Seneddol (A.S.)	Member of Parliament (M.P.)

afal breuant	Adam's apple
agoriad llygad	an eye-opener
agos at ei galon	close to one's heart
agos ato	close to one (in sentiment)
agos iddo	close to one (in space)
agos iawn	near enough; very/quite near
agwedd meddwl	frame of mind
ailfeddwl	to have second thoughts
ail-law	second-hand
allan o'i bwyll	out of one's mind; insane
allan o wynt	out of breath
am wn i	for all I know; as far as I know
am aeaf arall	for another winter
am byth	for ever
am bythefnos	for a fortnight
am dipyn	for a while
am ein gwaed	out to get us; after our blood
am fis	for a month
am fy mhoen; am fy nhrafferth	for my pains
am gyfnod	for a short period
am heno	for tonight
am dair wythnos	for three weeks
am oriau bwy gilydd	for hours on end
am (a) wn i	for all I know; as far as I know
am wyliau	for a holiday
am wythnos	for a week
am y rheswm	for the reason
am y tro	for the time being; for the nonce
am y wal/pared â	next door to; next to
am ychydig	for a while
am yn ôl	backwards
ambell waith	now and then; occasionally

amcan gof/saer a mesur teiliwr	rule of thumb (blacksmith's/ carpenter's estimate and a tailor's measure)
amdanaf i	about me
amgueddfa werin	folk museum
amlwg	to the fore
amser a ddengys	time will tell
amser coffi	coffee time
amser maith yn ôl	a long time ago
amser te	teatime
anadl einioes	breath of life
andros o falch	extremely pleased
andros o sŵn	a heck of a noise
anhwylus	out of sorts
answyddogol	unofficially; off the record

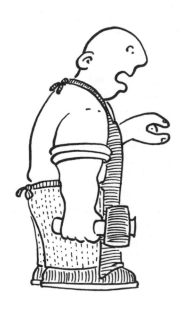

ar adegau	at times
ar adlam	on the rebound
ar amcan	at random; on estimate
ar amrantiad	in a trice
ar antur	at random
ar arfer	in use
ar awr wan	in a weak moment
ar ben	on top of
ar ben ar	all up with; without hope
ar ben ei dennyn	at the end of one's tether
ar ben ei ddigon	well off; wealthy
ar ben set	at the last minute
ar bigau'r drain	on tenterhooks
ar binnau	on pins; uneasy
ar bob cyfri(f)	by all means
ar bremiwm	at a premium
ar brydiau	at times
ar dafod leferydd	by heart; from memory
ar dafod pawb	common talk
ar delerau da	on good terms
ar derfyn	at the end of
ar dir...	on... grounds
ar doriad y wawr	at daybreak
ar drawiad	in a flash
ar draws ac ar hyd	without order; in disarray
ar draws y stryd o	across the street from
ar dreial	on approval
ar droed	on foot; happening; going on
ar drothwy	on the threshold of; close to
ar drugaredd	at the mercy of
ar ddamwain	by accident; not intentionally
ar ddi-hun	awake; sleepless
ar ddim a wn i	as far as I know
ar ddu a gwyn	in black and white; in writing

ar ddyletswydd	on duty
ar ei anterth	at its peak
ar ei arrau	on one's haunches
ar ei bedwar	on all fours
ar ei ben ei hun	by himself
ar ei domen ei hun	on one's own patch
ar ei draed a'i ddwylo	on all fours
ar ei draws	across; crossways
ar ei ddwylo a'i draed	on all fours
ar ei ffordd	on her way; on his way
ar (ei) golled	out of pocket
ar ei gwrcwd	squatting
ar ei hôl hi	behind the times; late (e.g. for an appointment)
ar ei hyd	lengthways; in its entirety; at full length
ar ei hynt	on one's travels
ar ei l(l)ed	along its breadth; breadthways; crossways
ar ei liwt ei hun	freelance
ar ei orwedd	lying down flat
ar ei sodlau	on its last legs
ar ei thraws	across; crossways
ar ei uchel fannau	at one's very best; in high spirits
ar eich union	straight on; direct *(when giving directions)*; directly
ar ein rhan	on our behalf
ar fai	at fault; to blame
ar fedr	about to; on the point of
ar fin	about to; on the point of
ar fin dod	on the point of coming
ar flaen ei dafod	on the tip of one's tongue
ar flaen y gad	at the head; to the forefront
ar flaen y tafod	on the tip of the tongue

ar flaenau ei fysedd	at one's fingertips
ar flaenau'r traed	on tiptoe
ar fy nghydwybod	on my conscience
ar fy meddwl	on my mind
ar fy mhen fy hun	on my own; by myself
ar fy ôl i	after me
ar fy sodlau	down and out; back on my heels
ar fyr	in brief; to sum up
ar fyr o dro	shortly; without delay
ar fyr rybudd	at short notice
ar fyrder	out of hand; at once; without delay
ar ffo	on the run; fleeing
ar ffurf	in the form of
ar gael	available
ar gam	wrongly
ar ganol	in the middle of
ar garlam	at a gallop
ar gefn	astride; on the back of
ar gefn ei geffyl	on one's high/hobby horse; angry; talking on one's pet subject
ar gerdded	afoot; about; abroad
ar gil	declining; on the wane
ar glawr	on record; extant
ar gledr fy llaw	in the palm of my hand
ar goedd; ar gyhoedd	in public
ar goel	on credit
ar gof a chadw	recorded; for all time
ar gorn	at the expense of
ar gornel	on the corner of
ar gwr	on the outskirts of
ar gyfartaledd	on average
ar gyfeiliorn	astray; off the rails
ar gyfer	in readiness for; in preparation for

ar gyfri(f)	on the grounds; for the reason
ar gyfyng-gyngor	in a quandary
ar gyhoedd; ar goedd	in public
ar gyhuddiad o	charged with; on a charge of
ar gynhyrfiad y foment	on the spur of the moment
ar gyrion	on the outskirts of
ar hap; hap a damwain	accidentally; by chance
ar hyd	along
ar hyd ac ar led	here, there and everywhere; all over the place
ar hyn o bryd; ar hyn o dro	at the present moment; now
ar hynny	at that time; then
ar i fyny	improving; looking up
ar i lawr; ar i waered	deteriorating; on the wane
ar lafar	spoken; in the spoken language; in colloquial use
ar lawer cownt; ar lawer cyfri(f)	from many points of view; in many respects
ar les	on a lease
ar log	on hire
ar lw	on oath
ar ôl	after; left over; remaining
ar orwedd	lying down
ar ran	on behalf of
ar ras wyllt	at high speed; in a rush
ar sail	on account of; on the basis of
ar sgawt	on the look out; on the hunt; foraging
ar sodlau rhywun	on one's heels; close behind
ar un achlysur	on one occasion
ar un adeg	at one time
ar un wedd	in one way; from one aspect
ar un wedd *(De Cymru)*	on no account
ar unrhyw gyfri(f)	on any account

ar unwaith	at once
ar waetha(f)	despite
ar wahân i	apart from
ar wahân i hynny	apart from that
ar waith	in operation
ar waith trwy'r nos, bod	to have a restless night
ar wartha(f)	on top of
ar wastad fy nghefn	flat on my back
ar wedd	in the form of
ar wib	at speed
ar wres	in hot weather
ar wyneb y ddaear	on earth
ar wyliau	on holiday
ar ŵyr	aslant
ar y blaen	in the lead
ar y cefn	on the back; piggy-back
ar y cwr	on the outskirts
ar y chwith	on the left *(giving directions)*
ar y clwt	on the rocks; destitute
ar y cyd	in partnership; joint
ar y cyfan	on the whole; by and large
ar y cyrion	on the outskirts
ar y domen	on the scrap-heap
ar y dde	on the right *(giving directions)*
ar y felan	down in the dumps; depressed
ar y funud	at the moment
ar y funud ola(f)	in the nick of time; at the last minute
ar y galeri	dead
ar y glaw	in the rain
ar y gongl	on the corner
ar y gorau	at best

ar y gweill	in the process of being done; on the stocks; in preparation; under way; in hand
ar y llaw arall	on the other hand
ar y lleia(f)	rather too little
ar y llofft	upstairs
ar y mwya(f)	rather too much
ar y pryd	at the time
ar y silff	unwanted; on the shelf
ar yn ail	alternately
ar yr adeg	at the time
ar yr amod	on condition
ar yr ochr arall	on the other side
ar yr ochr chwith	on the left-hand side
ar yr ochr dde	on the right-hand side
ar yr olwg gynta(f)	at first glance
ar yr un pryd	at the same time
arddegau	teens
arian papur	paper money; notes
arllwys y glaw	pouring with rain
arna(f) i mae'r bai	it's my fault
aros gartre(f)	to stay at home
arwydd adio	plus sign
arwyddion yr amserau	signs of the times
asgwrn i'w grafu	a bone to pick
asgwrn y gynnen	bone of contention
at ddant rhywun	to (one's) taste; as desired
at ei gilydd	on the whole
at ei goed	to one's senses
at hynny	in addition; also; moreover
at wasanaeth	for the use of
atal dweud	a stammer
ateb y diben	to serve the purpose
ati â chi!	get on with it!

awel groes	an ill wind
awgrym o gymod	olive branch
awr wan	a weak moment
awyr agored	open air
awyr draeth; traeth awyr	a mackerel sky

B

bach a dolen	hook and eye
bag dillad	suitcase
bara beunyddiol	daily bread
bara menyn	bread and butter
be(th) sy(dd)?	what's up?; what's wrong?
be(th) sy'n bod ar Tom?	what's wrong with Tom?
'Bechod!	Pity!; Shame!
bedwen Fai	maypole
bedydd	baptism
benben	at loggerheads
beth bynnag	at all events; anyway; so what
beth bynnag fo'r tywydd	whatever the weather
beth bynnag a ddaw	at all costs
be(th) (y)di'r ots?	what's the difference?
beth yn y byd?	what on earth?
beunyddiol	daily
blaen (y) llanw	the turn of the tide
blaen (y) t/dafod	the tip of the tongue
blaidd mewn croen dafad	wolf in sheep's clothing
blawd codi	self-raising flour
blith draphlith	higgledy-piggledy; in confusion
Blwyddyn Newydd Dda	Happy New Year
bob amser	always

bob cam	all the way; all along the line
bob hyn a hyn	every now and then
bob pwrpas, i	to all intents and purposes
bob tro	every time
bob yn ail	alternately; every other
bob yn dipyn; o dipyn i beth	little by little; bit by bit
bob yn ddau	two by two
bob yn gam	step by step
bochgoch	rosy-cheeked
bod â chlust ar y ddaear	to keep one's ear to the ground
bod ar bigau'r drain;	to be on edge; to be on
bod ar binnau	tenterhooks; to be on pins
bod yn gadarn	to be firm; to put one's foot down
bod yn llawdrwm ar	to be critical of; to be heavy-handed
bodloni i'r drefn	to be satisfied with things as they are
bol bwysig	a self-important person
bola tost	tummy-ache
bonclust	a box on the ear
boncyff/boncyn Nadolig	Yule log
bore bach; oriau mân (y bore)	the small hours (of the morning)
boregodwr; borewr	early riser
braich ym mraich	arm-in-arm
brathu tafod	to bite one's tongue
breuddwyd gwrach	wishful thinking
brith berthyn	distantly related
brith go(f)	a dim recollection
bro a bryn	hill and dale
bron	almost; nearly
bron â llwgu	almost famished
bryd hynny	at that time; then
budd-dal diweithdra	unemployment benefit
budrelw	filthy lucre

bwch dihangol	a scapegoat
bwgan brain	a scarecrow
bwrw amcan	to guess
bwrw arni!	to get on with it!
bwrw bod	to take for granted
bwrw cyllyll a ffyrc	to rain heavily (knives and forks)
bwrw ei bod yn digwydd	on the off-chance
bwrw ei fol	to get something off one's chest
bwrw eira	to snow
bwrw ewyn	to foam
bwrw glaw	to rain
bwrw glaw fel ffyn grisiau	to rain heavily (stair rods)
bwrw hen wragedd a ffyn	to rain heavily (old women and sticks)
bwrw iddi!	to get on with it!
bwrw swildod	to honeymoon
bwrw'r draul	to count the cost
bwrw'r Sul	to spend the weekend
bwyd a diod	food and drink
bwyta fel ceffyl	to eat like a horse
byd da	a good time
byddai'n edifar gen i	I'd regret it
byns y Grog	hot cross buns
bys ym mhob brywes	a finger in every pie
byth	never; ever; still
byth a beunydd	continually; constantly
byth a hefyd	ever and anon; continually
byw mewn gobaith	to live in hope
byw o ddydd i ddydd; byw o'r bawd i'r genau; byw o'r llaw i'r genau	to live from hand to mouth

cadw ci a chyfarth fy hun   to do everything myself; to be unable to delegate (to keep a dog and bark myself)

cadw draw   to keep at arm's length

cadw'r ddysgl yn wastad   to keep the balance

cadw ei addewid; cadw ei air   to keep one's promise

cadw ei ben   to keep one's head

cadw mewn co(f)   to bear in mind

cadw newyn draw   to keep the wolf from the door

cadw'n heini   to keep fit

cadw o hyd braich   to keep at arm's length

cadw'r dwylo'n lân   to keep one's hands clean

cadw trwyn ar y maen   to keep one's nose to the grindstone

cael a chael   touch and go

cael blas ar   to have a taste for; to enjoy

cael byw ci   to have a dog's life

cael cam   to be wronged

cael cathod bach   to have kittens; to be frightened

cael dau ben llinyn ynghyd; cael deupen y llinyn ynghyd   to make (both) ends meet; to cope

cael gair i mewn wysg ei ochr   to get a word in edgeways

cael gwared â/ar/o   to get rid of

cael hwyl am ben   to make fun of

cael hwyl ar   to enjoy; to do something well

cael llond bol ar   to have enough of; to have too much of

cael siom ar yr ochr orau   to be agreeably surprised

cael y llaw ucha(f) (ar)   to get the upper hand (of)

caff gwag   to catch a crab

Calan Gaea(f)	All Saints' Day; Hallowe'en
Calan Mai	May Day
calon-agored	frank; open-hearted
calon-feddal	soft-hearted
calon-galed	hard-hearted
calon-gynnes	warm-hearted; affectionate
calon y gwir	the absolute truth
calonnus	cheery; confident
calonogi	to give a boost; encourage; inspire
Campau Olympaidd	Olympic Games
cân serch	love-song
Canghellor y Trysorlys	Chancellor of the Exchequer
caniad ceiliog	cock-crow
canllath	a hundred yards
cannwyll fy llygad	the apple of my eye
cannwyll y llygad	the pupil of the eye
cant y cant	hundred per cent
canu fel aderyn	to sing like a bird
canu'n iach	to bid farewell
cario'r dydd	to carry the day; to win
cas wrth	cruel to
caswir	an unpalatable truth
cau llygaid ar; cau llygaid yn	to ignore; to turn a blind eye to
cau'r drws ar ei ddannedd/ yn ei wyneb	to shut the door in one's face
caws pob; caws pobi	Welsh rarebit
carthu'r gwddf	to clear the throat
cefn nos	dead of night
cefnu ar	to turn one's back on
cefnu (ar rywun) mewn cyfyngder	to leave (someone) in the lurch
ceffyl blaen	a willing horse; a lead horse; one who aspires to be best

ceffyl da ydi 'wyllys	willingness is a good horse
ceffyl parod	a willing horse
ceffyl ras	a racehorse
ceiliog y gwynt	weathercock
celf a chrefft	arts and crafts
celfyddydau cain	fine arts
celwydd golau	a white lie; a tall story
celwydd noeth	a bare-faced lie
cennin	leeks
cennin Pedr	daffodils
cer!	go! *(singular familiar)*
cerdded ling-di-long	to walk leisurely
cerwch hyd; cerwch cyn belled â	go as far as *(singular polite, plural)*
cerwch heibio	go past *(singular polite, plural)*
cerwch yn syth ymlaen	go straight on *(singular polite, plural)*
cicio ceffyl marw	to flog (kick) a dead horse
cicio'i sodlau	to kick one's heels; to wait idly
cig a gwaed	flesh and blood
cig marw	proud flesh; dead flesh
clawr meddal/papur	paperback
cledr y llaw	the palm of the hand
cloch iâ; clöyn iâ; pibonwy	icicle
cloch ddŵr	bubble
cloffi rhwng dau feddwl	to be in two minds; to hesitate
cludiad yn rhad; cludiant wedi ei dalu	carriage paid
clust fain	a sensitive ear; sharp hearing
clwb ieuenctid	youth club
cnawd ac esgyrn	flesh and bone
cnawd marw	dead flesh
cnocio'ch pennau yn ei gilydd	to knock your heads together
cnoi tafod	to bite one's tongue

coblyn o	terrible; terribly
codi angor	to weigh anchor
codi bwganod	to raise bogies; to see imaginary dangers
codi calon	to cheer up; to take heart
codi gwallt pen rhywun	to make one's hair stand on end
codi gwrychyn rhywun	to anger someone; to rouse one's indigestion
codi hen grach	to rake up the past
codi llais	to speak loudly; raise one's voice
codi ofn ar	to frighten
codi twrw	to cause trouble
codi ysgyfarnog/sgwarnog	to raise a hare; pursue an irrelevancy
cof eliffant	a good memory
cof fel gogr	a bad memory (head like a sieve)
co(f) plentyn	a childhood memory
cofia fi at bawb	remember me to everybody *(singular familiar)*
cofiwch fi at bawb	remember me to everybody *(singular polite, plural)*
colli amser	to waste time
colli stumog	to lose one's appetite
colli tymer	to go off the deep end; to be angry
corff ac enaid	body and soul
cosbi'n fuan	to give short shrift
costied a gostio	at all costs; come what may
cred gyfeiliornus	wishful thinking, misplaced belief
credwch neu beidio	believe it or not
crocbris	an exorbitant price
croen ac esgyrn	skin and bones
croen dafad	sheep's clothing
croen gŵydd	goose-flesh

croendenau	touchy; sensitive
croes i	contrary to
croendew	thick-skinned; insensitive
Crysau Duon	All Blacks
cur pen	a headache
curo amser	to beat time
curo dwylo	to clap hands
cyfaill mynwesol	bosom friend
cyfarwydd â	familiar with; accustomed to
cyfnos	twilight; dusk
cyfri(f) cywion cyn eu deor	to count the chickens before they're hatched
cyfrol clawr caled	a hardback (book)
cyff gwawd	a laughing-stock
cyhyd â	for so long as; as long as (of time and space)
cyhyd â blwyddyn	as long as a year
cymaint â phosib; cymaint ag sydd modd	as much as possible
cymaint arall; cymaint ddwywaith	twice as much
cymdeithas adeiladu	building society
Cymdeithas R(h)ieni	Parents' Association
cymorth cynta(f)	first aid
Cymro i'r carn	a Welshman through and through; a staunch Welshman
cymryd at rywun neu rywbeth	to take (a liking) to someone or something
cymryd eich lle	to take your place
cymryd mwy o gegaid nag y gall ei llyncu	to bite off more that one can chew
cymryd pwyll	to take time
cymryd rhan	to take part
cymryd trafferth	to take pains

cymryd yn ganiataol	to take for granted
cyn bo hir	before long
cyn codi cŵn Caer	very early (before the dogs of Chester arise)
cyn ddistawed â'r bedd	as quiet as the grave
cyn falched â'r paun	as proud as the peacock
cyn farwed â hoel	dead as a doornail
cyn gynted â/ag	as soon as
cyn gynted â mellten	as quick as lightning
cyn hyn	before now
cyn hynny	before that; before then
cyn lased â'r cennin	inexperienced; as green as leeks
cyn lased â'r môr	as blue as the sea
cyn pen mis	within a month
cyn pryd	before time; early
cyn wired â'r pader	as true as the Lord's Prayer
cyngor plwy(f)	parish council
cyntun	a nap
cyrraedd y safon	to make the grade
cysgu fel mochyn	to sleep like a pig; sleep heavily
cysgu'n sownd/drwm	to sleep soundly
cyw melyn ola(f)	last-born child
cyw gwyllt	an illegitimate child
cywiro ei addewid	to keep one's promise

CH

ches i mo 'ngeni ddoe!	I wasn't born yesterday!
chewch chi mo'ch siomi	you won't be disappointed
choelia i byth na(d)	I rather think that
Choelia i fawr!	I can't believe it!; Not likely!

chwarae â'r peth	to beat about the bush
chwarae bach	an easy matter
chwarae cis	to play tig
chwarae plant	child's play
chwarae teg	fair play
chwarter call a dwl	not very bright (of a person)
chwarter i	a quarter to
chwarter wedi	a quarter past
chwedl ef	according to him; as he is wont to say
chwedl y Sais	as the English say
chwerthin am ei ben	to laugh at one
chwerthin yn ei ddwrn; **chwerthin ynddo'i hun(an)**	to laugh in/up one's sleeve
chwysu chwartiau	to perspire heavily (quarts)
'chydig	a little

D

Da boch am nawr	Goodbye for now
Da boch chi	Goodbye
da byw	livestock
da chi	I pray you
da dros ben	exceedingly good
da iawn	well done
da pluog	poultry
dafad ddu	a black sheep
dagrau gwneud	crocodile tears
dal â chusan	kiss in the ring
dal ar y cyfle	to seize the opportunity
dal ati	to keep trying

dal eu tir	to hold their own
dal i drio	to keep trying
dal mewn co(f)	to bear in mind
dal sylw	to pay attention
dalgylch	a catchment area
(o) dan adain	under the wing/guidance of
(o) dan bwysau	under pressure
(o) dan din	underhanded
(o) dan draed	under one's feet; in the way
(o) dan ddaear	underground
(o) dan ei fai	sold as seen
(o) dan ei groen	on one's nerves; under one's skin
(o) dan ei grwys	lying in state
(o) dan ei gwynt	under her breath; muttered
(o) dan ei sang	full up; packed; full to capacity
(o) dan ei wynt	under one's breath; muttered
(o) dan esgus	under the cover of
(o) dan fawd	under the thumb of
(o) dan fy llaw	under my hand; signed by me
(o) dan fy nhrwyn	under my nose
(o) dan fygythiad	under threat
(o) dan ffugenw	under a pseudonym
(o) dan gabl	slandered; under censure
(o) dan ganu	easily
(o) dan glo	locked; under lock and key
(o) dan gochl	under the cover of
(o) dan gronglwyd	under the roof of; in the home of
(o) dan gwmwl	in trouble; under a cloud
(o) dan iau	under another's guidance
(o) dan sylw	in question
(o) dan lach	under the lash; maligned
(o) dan yr argraff	under the impression
(o) dan yr ordd	under the hammer; up for auction; under great pressure

dangos dim trugaredd	to give short shrift
dangos ei ddannedd	to show one's teeth; to threaten
dangos ei ochr	to show one's colours
dannedd dodi *(De Cymru)*	false teeth
dannedd gosod	false teeth
dant melys	a sweet tooth
darllen meddwl rhywun	to read between the lines; read one's mind
darpar ŵr	fiancé; intended husband
darpar wraig	fiancée; intended wife
dawn siarad	gift of the gab
dawns y don	the tossing of the wave
dechrau o'r newydd	to turn over a new leaf
deddfau natur	laws of nature
deilen ar ei dafod	a lisp (a leaf on one's tongue)
Dere!	Come! *(singular familiar)*
detholiad natur	natural selection
dweud y gwir	to tell the truth
Dewch!	Come! *(singular polite, plural)*
Dewch i mewn	Come in *(singular polite, plural)*
Dewch ymlaen	Come on
di-alw-amdano	uncalled for
di-baid	constant; unceasing; non-stop
di-ben-draw	endless
dibyn-dobyn	head over heels; topsy-turvy
di-dâl	free; unpaid
di-ddal	slippery; inconsistent; not dependable
di-dderbyn-wyneb	unbiased; impartial
diferyn o wisgi	a drop of whisky
di-feth; di-ffael	without fail
difyrru'r amser	to pass the time
diffyg anadl	shortness of breath
digon da	good enough

digon gwir	true enough
digon oer i fferru offeiriad mewn côt ffwr	extremely cold (cold enough to freeze a priest in a fur coat)
digon oer i rewi brain	very cold (cold enough to freeze crows)
digyfnewid	that which cannot be altered
dihangfa gyfyng	a narrow escape
di-hwyl	out of sorts; under the weather
dillad Dydd Sul; dillad parch	Sunday best (clothes)
dim byd	nothing
Dim diolch!	No thanks!
dim enaid byw	not a soul; nobody
dim eto	not yet
dim gronyn callach	not a bit wiser

dim gwahaniaeth	no matter
dim gwerth	not much; no good
dim llai na	at least; no less than
dim llawer	not a lot
dim mymryn callach	not a bit wiser
dim mynediad	no entry
dim ond	only
dim ond siarad gwag	empty talk
Dim ots!	No matter!; It doesn't matter!
Dim peryg(l)!	No chance!
Dim shwd lwc!	No such luck!
dim siw na miw	no sound; no trace
dim uwch bawd (na) sawdl	no better than
dim yn bell o	not far from
dim yn bod ar	nothing wrong with
dim yn llawn llathen	not very bright (of a person) (not a full yard)
dimai goch (y delyn)	very little money; a brass farthing
diod gadarn	strong drink
di-oed	without delay
Diolch byth!	Thank goodness!
diwerth	worthless
dod ato'i hun	to get over; to recover; to come to one's senses
dod i ben	to come to an end
dod i ben â; ymdopi â	to succeed in; to manage
dod i ben y dalar	to finish the job
dod i'r lan	to come ashore
dod o hyd i	to find
dod trwy/drwodd	to come through; to get over
dod ymlaen â	to get on with (other people)
dod ymlaen yn dda	to hit it off
doed a ddelo	come what may
doedd dim ots!	it didn't matter!

does dim dal ar	you can't rely on
does dim dau amdani	there's no doubt about it
does dim dwywaith amdani	there's no two ways about it
Does dim ots!	It doesn't matter!
dolur gwddf/w	sore throat
dolur llygad	an eyesore
Dos!	Go! *(singular familiar)*
Dos i'r diawl; Dos i grafu!	Go to blazes!
drach ei gefn	backwards
drachefn a thrachefn	again and again
draenen yn ystlys	a thorn in the flesh
draig goch	red dragon
dro arall	another time; at other times
droeon	several times
dros ben	remaining; left over; in excess; over the head of; exceedingly
dros ben llestri	over the top; excessive; out of hand
dros dro	for the time being; temporarily
dros ei ben a'i glustiau	up to one's neck (over head and ears)
dros ei ben a'i glustiau mewn	up to one's eyes in
dros fwyd	whilst eating; during meals
dros fy nghrogi	for the life of me
dros y lle i gyd	all over the place
dros y penwythnos	over the weekend
dros y stryd (o)	across the street (from)
dros y Sul	over the weekend
drosodd	over; finished
drosot ti; drosoch chi	on your behalf *(singular familiar; singular polite, plural)*
drosta i i gyd	all over me
drwodd a thro	all in all; everything considered
drws nesa(f) i	next door to

drws nesa(f) ond un	next door but one
drwy gil ei lygad	out of the corner of one's eye
dw i ar goll	I'm lost
dw i'n briod â	I'm married to
dw i wedi cael dweud fy nweud	I've had my say
dweud wrth	to say to
dweud y drefn	to read the Riot Act; to scold
dweud y gwir	truth to tell; to tell the truth
dwmbwl-dambal; dwmbwr-dambar	helter-skelter
dwy law chwith	two left hands; awkward
dy daro di; Sut mae hwn yn dy daro di?	suit you; How does this strike you?
Dydd Calan	New Year's Day
Dydd Gŵyl D(d)ewi	St. David's Day
Dydd Mawrth Ynyd	Shrove Tuesday
Dydd Mercher Lludw	Ash Wednesday
dydd pen blwydd	birthday
dyfynodau	quotation marks
dylyfu gên	to yawn
dyn a ŵyr!	goodness knows!
dyn diffaith	a wastrel
dyn (y) bara	(the) bread man
dyn (y) glo	(the) coal man
dyn (y) llaeth *(De Cymru)*	(the) milkman
dyn (y) llefrith *(Gogledd Cymru)*	(the) milkman
dyn (y) papurau	(the) paper man
dyna drueni!	what a pity!
dyna galon y gwir	that's the absolute truth
dyna hen dro fod	it's a pity that
dyna i gyd	that's all
dyna welliant	that's better

dyrnu gwellt	useless effort (threshing straw)
dysgu ar y co(f); dysgu ar go(f)	to learn by heart
dysgu pader i berson	telling your grandmother how to suck eggs (telling a priest how to pray)
dyweder	say; let's say

DD

ddim o gwbl	not at all
ddim yn debygol o	not likely to
ddim yn dda	not well; ill
ddiweddar, yn	of late; recently
ddoe	yesterday
ddylech chi ddim	you shouldn't

E

ebe	quoth; said; says
echdoe	the day before yesterday
echnos	the night before last
edrych am	to look for
edrych ymlaen at	to look forward to
edrych yn ddu	to look black; to appear ominous
edrych yn llwyd	to look pale; to look peaky or ill
edrych yn llygad ceffyl benthyg	to look a gift horse in the mouth
edrych yn llygad y geiniog	to be careful about money; to be mean

ei bwrw/tharo hi yn ei thalcen	to be exactly right (to knock it on its forehead)
ei gilydd	each other; one another
ei lygaid yn fwy na'i fola	his eyes bigger than his stomach
eich dewis cynta(f)	your first choice
eiddo	belonging to; the property of
eitha(f) agos	quite near
eitha(f) balch	quite pleased
eitha(f) bodlon	quite willing
eithaf(f) peth	not a bad thing
eithafoedd y byd	the ends of the earth
eleni	this year
eli penelin	elbow grease; vigorous rubbing; effort
elin wrth elin	elbow to elbow; end to end
ennill amser yn ôl	to make leeway; to make up for lost time
ennill bywoliaeth	to earn a living
ennill ei damaid	earning one's living
enw bedydd	Christian name
enwogion	famous men
eos bren	a poor singer (a wooden nightingale)
er anrhydedd	honorary
er cof am; er coffa	in memory of
er cymaint	despite the size of; however much
er cyn co(f)	from time immemorial
er da neu er drwg	for good or for ill
er dim	on no account
er ei fywyd	for the life of him; do what he might
er ei golled	to one's cost
er ei gwaetha(f)/waetha(f)	in spite of her/him
er gwaetha(f)	in spite of; despite

er gwaetha(f) (rhywun) yn ei ddannedd	despite strong resistance (from someone)
er gwaethaf y ffaith	in spite of the fact
er gwell (neu) er gwaeth	for better (or) for worse
er hyn	despite this
er hynny	despite that; nevertheless
er lles	for the sake of; for the benefit of
er maint	despite the size of
er mwyn	for the sake of; in order to
er mwyn dim	for goodness' sake
er mwyn popeth	for heaven's sake
erbyn	by the time that
erbyn hyn	before this; by now; so far
erbyn hynny	before then; by then
erbyn meddwl	come to think of it
erioed	ever; never
ers amser	long since
ers blynyddoedd	for years
ers llawer dydd	long ago; in the old days
ers meitin	for some time; a good while since
ers mis	for about a month; a month since
ers pryd?	since when?
ers tipyn	for a while
ers tro	for a long/considerable time
erstalwm	in the old days; long ago; for ages
esgyrn sychion	the bare bones; the gist of the argument
estyn ar hyd ei din	to offer something unwillingly
estyn bys at	to point a finger at; to accuse
Ewch!	Go! *(singular polite, plural)*
Ewch ble mynnwch chi	Go where you like *(singular polite, plural)*
ewinedd a dannedd	with tooth and claw; savagely

fan bella(f)	at the latest
Fawr siawns!	No chance!
fel arfer	usually; as a rule; as usual
fel bol buwch (ddu)	pitch dark (like a (black) cow's belly)
fel buwch wrth bost	confined (like a tethered cow)
fel cath am laeth	to be devoted to (like a cat to milk)
fel cath i gythraul	very quickly
fel cath ar dân	very quickly (like a cat on fire)
fel ceffyl, bwyta	to eat like a horse
fel ceffyl, cryf	very strong like a horse
fel ceiliog (y) gwynt	fickle; unreliable (like a weathercock)
fel ci bach	submissive; obedient (like a little dog)
fel ci wrth dennyn	restricted (like a dog on a lead)
fel cimwch	askew; lopsided
fel cricsyn	sprightly; lively as a cricket
fel coes brws	as stupid as a brush handle
fel cynffon buwch	late; all behind (like a cow's tail)
fel dincod ar ddannedd	discordant; unpleasant; putting teeth on edge
fel dŵr ar gefn hwyaden	having no effect; like water on a duck's back
fel ebol	frisky; agile (like a foal)
fel elin ac arddwrn/a garddwrn	extremely close (like forearm and wrist)
fel eos	like a nightingale (said of a sweet singer)
fel ffured	a thorough searcher (like a ferret)

fel gafr	agile (like a goat)
fel golau dydd	clear as daylight; plain as a pikestaff
fel iâr ag un cyw	fussy (like a hen with one chick)
fel iâr dan badell	disconsolate
fel iâr i ddodwy	in a hurry (like a hen in a hurry to lay)
fel lladd nadroedd	at full speed
fel lleden	flat; spreadeagled (like a plaice)
fel mochyn	like a pig; having bad habits; fat
fel newydd	as new
fel o'r blaen	as before
fel oen	docile; like a lamb
fel pe bai	as though
fel penwaig yn yr halen	packed (like herrings in salt)
fel perfedd mochyn	extremely complex; tangled; confused
fel pwll dŵr/tro/y môr	speaking quickly; talking nineteen to the dozen (like running water/ whirlpool/sea)
fel rheol	as a rule
fel tân gwyllt	like wildfire; very quickly
fel traed brain	untidy (of writing) (like crows' feet)
fel y boi *(De Cymru)*	very fit; in the pink
fel y mae gwaetha'r modd	unluckily; unfortunately; worse luck
fel y gellir gweld	as can be seen
fel y'i gelwir	as it's called
fel yr hed y frân	as the crow flies
fel mul; fel mwlsyn	stubborn (like a mule)
felly	so; thus
fesul tipyn	little by little

fesul dau	two by two (e.g. of the animals going into the Ark)
fesul un	one by one
fin nos	in the twilight; at dusk; in the evening
flwyddyn nesa(f)	next year
fodd bynnag	however
fy hun; fy hunan	myself; my own
fy mhlentyndod	my childhood

FF

ffigur ymadrodd	figure of speeech
ffolant	a valentine
ffon ysgol	a rung of a ladder
ffon ystol *(Gogledd Cymru)*	a rung of a ladder
ffordd o fyw	way of life
ffordd o siarad	a manner of speaking
ffroenuchel	stuck-up; haughty; nose in the air

G

gadael yn y baw	to leave in the lurch
Gad/Gadewch lonydd i fi/mi	Leave me alone *(singular familiar/ singular polite, plural)*
gafael yn yr awenau	to take the reins; to take charge
gair dros ysgwydd	an empty promise (a word over the shoulder)
gair i gall	a word to the wise

gair o ddiolch	a word of thanks
gair o gyngor	a word of advice
galw i go(f)	to call to memory; to recollect
gam a cham	step by step
gan amla(f)	usually
gan bwyll	carefully; without hurrying
Gan bwyll!	Careful!; Take care!
gan hynny	therefore
gartre(f)	at home
gan mwya(f)	on the whole; in the main; mostly
gêm gyfartal	a drawn game
gemau Olympaidd	Olympic games
genau a thafod	a spokesman (mouth and tongue)
genau yng ngenau	in close conversation; speaking furtively
genethig	a little girl
ger y lan	off shore
gerbron	in the presence of
gerllaw	near at hand; close by
gilydd	see 'ei gilydd'
glanhau'r gwanwyn	spring-cleaning
glasgroeso	a cool welcome
glas y byd	the dawn of time
glas y dydd	the crack of dawn
glasgroesawu (rhywun)	to receive (someone) with a cold welcome
glaw mân	drizzle
glynu fel gelen	to cling like a leech
go agos	a near miss; quite near
go lew	fair; pretty fair
go wahanol	quite different
gobaith caneri	no hope whatsoever; a canary's hope (in a coal-mine)
gobaith gwan	forlorn hope

gobaith mul (yn y *Grand National*)	no hope whatsoever (a mule's hope in the Grand National)
gobeithio'r gorau	to hope for the best
gochel gwarth	to save one's face
gofalu am	to take care of; to look after
gofyn dros ei ysgwydd	to ask over the shoulder, merely with the intention of pleasing
gofynnod (gofynodau)	question mark(s)
gogyfer â	opposite
golchi ei ddwylo o	to wash one's hands of
goleuni'r gogledd	Northern Lights; Aurora Borealis
goleuadau traffig	traffic lights
gollwng dros go(f)	to forget; to put out of mind
gollwng tafod ar	to loose one's tongue on; to cheek
gollwng y gath o'r cwd	to let the cat out of the bag
gollwng yn ango(f)	to forget; to put out of mind
gorau glas	level best
gorau oll/i gyd	all the better

gorau po fwya(f)	the more the better
gorau po gynta(f)	the sooner the better
gorfod	to be obliged
gorhendaid	great grandfather
gorhenfam	great grandmother
gorllanw	high tide
gormod o	too much of
gosod tŷ	to let a house
gostegion priodas	marriage banns
gostwng y pris	to lower the price
gwaed coch cyfa(n)	thoroughbred; through and through
gwaed gwirion	innocent blood
gwaed ifanc	young blood
gwaed newydd	new blood; young blood
gwaedu fel mochyn	bleeding like a pig
gwaedd ac ymlid	hue and cry
gwaeth na	worse than
gwaetha'r modd	worse luck, more's the pity
gwaethygu	to become worse; worsen; deteriorate
gwaith llaw	handicraft; hand made
gwalch gwely	a lie-abed; a sluggard
gwallt to	hair combed to hide baldness (roof hair)
gwarchod cartre(f)	to stay at home
Gwarchod pawb!	My goodness!
gwarchodfa natur	nature reserve
gwas priodas	best man
gwddf/w tost	a sore throat
gweddill fy oes	remainder of my life
Gweddi'r Arglwydd	the Lord's Prayer
gweiddi am	to be desperate for

gweld cefn (rhywun)	to see the back of (someone); to be rid of (someone)
gweld lygad yn llygad	to see eye to eye; to be agreed
gwell gan	to prefer
gwell hwyr na hwyrach	better late than never
gwellwell	better and better
Gwener y Groglith	Good Friday
gwennol ofod	space shuttle
gwerth ei bwysau mewn aur	worth his weight in gold
gwerth ei halen	worth his salt; worth his pay
gwerth y drafferth	worth the trouble; worth-while
gwesty heicwyr/ieuenctid	youth hostel
gwir bwysau	net weight
gwir elw	net profit
gwir golled	net loss
gwladwriaeth les	welfare state
gŵn nos	night-gown
gwna'r tro	it will do
gwneud cawl o bethau	to make a mess of things
gwneud defnydd o	to make use of
gwneud fy ngorau glas	to do my level best
gwneud heddwch; cymodi	to bury the hatchet; to make peace
gwneud hwyl am ben rhywun	to make fun of one
gwneud llygaid bach ar	to make (little) eyes at; to ogle
gwneud môr a mynydd	to make a mountain out of a molehill
gwneud môr a mynydd o'r peth	to make a big issue out of it
gwneud sbort am ben rhywun	to make fun of one
gwobr gysur	consolation prize
gŵr gweddw	widower
gŵr priod	a married man
gwraig briod	a married woman

gwraig weddw	a widow
gwrêng a bonedd	the lowly and the great; commonalty and gentry
gwres canolog	central heating
gwrthod yn lân â thrafod	to have no truck with
gwryw a benyw	male and female
gwth o wynt	a gust of wind
gwthio'r cwch i'r dŵr	to get things under way
gwydraid	a glass(ful)
Gŵyl D(d)ewi	St. David's Day
gŵyl nad gŵyl mohoni	a busman's holiday
Gŵyl San Steffan	Boxing Day
gŵyl y banc	bank holiday
gwylltio'n gudyll/gandryll	to fly into a rage
gwyn eich byd chi	good for you *(singular polite, plural)*
gyda, gydag	together with
gyda'ch caniatâd/cennad	with your permission *(singular polite, plural)*
gyda dim	given half a chance; for two pins
gyda gofal	with care; carefully
gyda golwg ar	apropos of; with regard to
gyda hyn	soon
gyda hynny	at that moment; as well as that; also
gyda'i gilydd	together *(3rd person plural)*
gyda lwc	with luck
gyda llaw	by the way
gyda'n gilydd	together *(1st person plural)*
gyda phob parch	with all respect
gyda phob dyledus barch	with all due respect
gyda'r bws/trên	by bus/train
gyda'r dydd	at daybreak

gyda'r gair	at that very moment; as one said it
gyda'r hwyr	of an evening
gyda'r nos	in the evening; of an evening
gyda'r post	by post
gyda'r wawr; gyda thoriad gwawr	at dawn
gyda throad y post	by return of post
gylfinaid	a beakful; a very small amount
gynnau fach	just now
gyrru ar ffo	to put to flight

H

ha(f) bach Mihangel	Indian summer (a spell of warm weather in late autumn)
hala ofn ar *(De Cymru)*	to frighten
halen yn y gwaed	a born sailor (salt in the blood)
hanner a hanner	fifty-fifty; half-and-half
hanner dwsin	half-dozen; half a dozen
hanner dydd	noon; midday
hanner nos	midnight
hanner pan	not very bright (used of a person in a derogatory sense); half-witted; half-soaked
hap a damwain	by chance/luck (see also 'ar hap')
heb amheuaeth	without doubt
heb baratoi	impromptu
heb bilo wyau	bluntly; without pulling punches
heb ball	without fail
heb daw	without stopping; incessant

heb droi blewyn	without turning a hair; unruffled
heb ddiolch i	without thanks to; without the help of
heb ddweud na bw na be/ pwmp o'i ben	without saying a word
heb ei ail	without equal; second to none
heb ei fai heb ei eni	he who is without fault is yet to be born
heb fesur	without limit; plentiful
heb feth; yn ddi-feth	without fail
heb flewyn ar ei dafod	bluntly; without mincing words,
heb fod nepell; heb fod ymhell	not very far away; not far distant
heb fod ym mhen draw'r ffwrn	half-baked (hasn't been to the far end of the oven: used of a person in a derogatory sense)
heb fod yn llawn llathen	one sandwich short of a picnic (not a full yard: used of a person in a derogatory sense)
heb gragen i ymgrafu	without a bean; destitute
heb hel dail	without beating about the bush; to the point
heb hidio botwm corn	uncaring; without caring a hoot
heb hidio carrai	uncaring; without caring a toss
heb hidio'r un ffeuen	uncaring; without caring a damn
heb na migwrn nac asgwrn	without trace (with neither knuckle nor bone)
heb na siw na miw	without a sound; without a trace
heb obaith yn y byd	without a hope in the world
heb ofal	without a care; carelessly
heb ofal yn y byd	without a care in the world
heb ohir	without delay
heb os nac oni bai	without doubt

heb raid nac achos	without need or reason; unnecessarily
heb siw na miw	without as much as a whisper
heb sôn am	not to mention; to say nothing of
heb ymyrraeth	without let or hindrance
heb yngan gair o'i ben	without saying a word
heb yn wybod	unknowingly
heb yn wybod i (rywun)	unbeknown to; without the knowledge of (someone)
heb yn wybod i chi'ch hun	unwittingly; unconsciously
heblaw am	apart from; to say nothing of
heblaw hynny	apart from that
heibio i	past *(direction)*
hel esgusion	to make excuses
hel eu boliau	to eat greedily
hel fy nhraed	to make tracks; to go forward
helfa bysgod	a catch of fish
helfa drysor	treasure hunt
help llaw	a helping hand; assistance
help llaw chwith	a hindrance (left-handed help: help awkwardly given)
hen atgofion	reminiscences; old memories
hen bryd	high time
hen dad-cu *(De Cymru)*	great-grandfather
hen daid *(Gogledd Cymru)*	great-grandfather
hen drwyn	a nosy person; a busy-body; a stuck-up person
hen ddigon	plenty; quite enough; more than enough
hen ddihenydd	ancient or very ancient
hen ddwylo	old hands; experienced people
hen fam-gu *(De Cymru)*	great-grandmother
hen geg	a gossiping person (an old mouth)
hen gwcw	a silly person (an old cuckoo)

hen gyfarwydd â	well acquainted with
hen lanc	a bachelor
hen law ar	an old hand at; experienced at
hen nain *(Gogledd Cymru)*	great-grandmother
Hen Wlad fy Nhadau	Land of my Fathers
henaint	old age
hendaid *(Gogledd Cymru)*	great-grandfather
henoed	old people
hepian	to nod off; to doze
herc a cham a naid	hop, skip/step and jump
hidia befo *(Gogledd Cymru)*	don't you worry *(singular familiar)*
hidiwch befo *(Gogledd Cymru)*	don't you worry *(singular polite, plural)*
hidlo gwybed	to split hairs (to sieve gnats)
hoelio ei lygaid ar	to fix one's attention on
hoelion wyth	notabilities; big guns (8" nails)
hollti blew	to split hairs; to make over-fine distinctions
holi ac ateb	question and answer
hon a hon	so-and-so *(feminine)*
hostel ieuenctid	youth hostel
hudlusern	magic lantern
hufen iâ	ice cream
hufen rhew	ice cream
hulio bwrdd	to lay the table
hwn a hwn	so-and-so *(masculine)*
hwnt ac yma	here and there
hwy ill dau	they two
hwyl a sbri	pleasure; fun and games
hwyr neu hwyrach	sooner or later
hwyrach	maybe; possibly
hyd	until; as far as; along
hyd a lled	length and breadth
hyd angau	unto death

hyd at	as far as; up to
hyd at wythnos yn ôl	(up to) a week ago
hyd byth	for ever
hyd ddydd barn	till Kingdom come; to Judgement Day; a long time
hyd fedd	to the grace; unto death; throughout one's life
hyd heddiw	to this day; up to the present
hyd hynny	up to then; up to that point
hyd lawr	all over the floor; on (along) the ground
hyd nes	until
hyd nos	until nightfall
hyd pan	up to the time that; until
hyd y byw	to the quick; very deeply
hyd y diwedd	to the end
hyd y gallaf	to the utmost of my ability
hyd y gwn i	as far as I know
hyd y gwraidd	to the root
hyd yma	so far; up to now; up to this point
hyd ymhen	up to (a period of time, a distance, a quantity)
hyd ymyl	along the edge of
hyd yn dragywydd	for ever; to the end of time
hyd yn hyn	up till now; as yet
hyd yn oed	even
hyd yn ymyl	alongside; up to
hyd yr eitha(f)	to the utmost; valiantly
hyfforddwr gyrru	driving instructor
hynny yw	to wit
hys gyda'r ci/cŵn a hwi gyda'r geinach/llwynog/cadno	to run with the hare and hunt with the hounds

i blith	into the midst of
i bob golwg	to all appearances
i bob pwrpas	to all intents and purposes
i bwy?	to whom?
i drwch blewyn	to a hair's breadth
i drwch y blewyn	dead on; exactly right
i ddechreuwyr	for beginners
i ddysgwyr yr ail flwyddyn	for second year learners
i ddysgwyr y drydedd flwyddyn	for third year learners
i ddysgwyr rhugl	for fluent learners
i fod	supposed to be
i fyny	up; upwards
i fyny at wythnos yn ôl	up to a week ago
i fyny'r afon	upstream
i fyny'r grisiau	up the stairs
i fyny i ti	up to you
i fyw ei lygaid	straight in the eye
i ffwrdd	away
i lawr	down; downwards
i mewn	at home; indoors
i mewn trwy un glust	in through one ear
i mewn trwy un glust ac allan drwy'r llall	in through one ear and out through the other
i waered	downwards
i'r byw	to the quick; deeply
i'r carn	through and through; out and out
i'r chwith	to the left
i'r diawl â	to the devil with
i'r dim	exactly; to a tee; just the thing

i'r dde	to the right
i'r eitha(f)	to the utmost
i'r funud	promptly; to time; in the nick of time
i'r gad	to battle; on the war-path
i'r graddau	up to the point; to the extent
i'r gwrthwyneb	on the contrary
i'r munud *(Gogledd Cymru);* **i'r funud** *(De Cymru)*	promptly; to time; on time
i'r pen	to a head; to the worst; to the crunch; to an extreme; to the bitter end
i'r perwyl hwn	to this effect
i'r pwynt	to the point; concisely
Iechyd da!	Good health!
iechyd i galon rhywun	health to someone's heart; bless him
igam-ogam	zigzag
igam-ogamu	to side-step
iro blonegen	to carry coals to Newcastle (to grease fat)
iro ei law; iro llaw	to grease one's palm; to bribe
iselder (ysbryd)	depression; low spirits

L

lan lofft *(De Cymru)*	upstairs
lawer gwaith	many times
lawr llawr	downstairs
ledled Cymru	throughout Wales
led y pen	wide open
ledled y wlad	throughout the country

lincyn-loncyn	slowly; leisurely
liw nos	by night
lobsgows	hotchpotch
lol botes maip	nonsense (turnip soup)

LL

lladd amser	to kill time; to waste time
lladd dau aderyn ag un garreg	to kill two birds with one stone
lladd llygoden a'i bwyta	to live from hand to mouth
llaesu dwylo	to grow weary; to be idle; to slack off
llaeth glas/sgim/heb hufen	skimmed milk
llafar gwlad	everyday speech; colloquial speech
llafur cariad	labour of love
llai o lawer	much less *(quantity)*
llais fel brân	a voice like a crow; a raucous voice

llais fel gafr	a voice like a goat; unmelodious voice
llanbethma	what's-its-name (of a place)
llanw isel	neap tide
llawagored	open-handed; generous
llaw yn llaw	hand in hand
llawer iawn	a great many/deal
llawer gwaith	many times; often
llawer llai	much less/fewer *(quantity)*
llawer mwy	much more *(quantity)*
llawer o	a lot of
llawer o bethau	lots of things
llawer tro	many a time
llawer yn llai	much less *(quantity)*
llawn bywyd	lively; vivacious
llawn cyffro	full of excitement
lle bynnag	wherever
lled gewin	a very small width (the width of a finger-nail)
lled troed	a very small piece (of land) (the width of a foot)
lled y pen	wide open
lledu brest	to throw out the chest; to show off; to boast
lledu ei esgyll	to spread one's wings; to show off; to develop one's powers more and more; to be on the upgrade/up and up
llên a lleyg	clergy and laity
llên gwerin	folklore
lleuad lawn	full moon
lleuad fedi	harvest moon
lliain bwrdd	table-cloth

lliw dydd; wrth liw dydd	daylight; daytime; by day; in daylight
lliw haul	suntan
lliw nos	night-time; by night
llo gwlyb	a drip; someone without gumption; dullard
llond dwrn	a fistful; a few; a small number
llond ei groen	well-fed (filling his skin)
llond fy nwylo	my hands full; plenty to do
llond llaw	a handful; a small number; a small amount
llond llygad (a)deryn	a very small amount (a bird's eyeful)
llongyfarchiadau	congratulations
llosg eira	chilblains
llosgfynydd	volcano
llosgi bysedd	to burn one's fingers; to suffer in a deal
llosgi yn ei groen	to long to do something (to burn in one's skin)
lluniau byw/llafar	talkies; films
Llungwyn	Whit Monday
llunio'r wadn fel y bo'r troed	to cut the sole to fit the foot
llwnc tost *(De Cymru)*	sore throat
llwy de	teaspoon
llwy fwrdd	tablespoon
llwy ganol/bwdin	dessertspoon
llwybr coch	a well-worn path (a red path)
llwybr tarw	a short cut (a bull's path)
llwydolau	twilight
llwydrew	hoar-frost
llwyddiant dros dro	a flash in the pan; transitory success
llwyfan gorsaf	railway platform

llyfiad buwch	cow-lick; calf-lick; projecting tuft of hair on the forehead
llyfiad cath	cat-lick; a perfunctory wash; a lick and a promise
llyfiad llo	a widow's peak
llyfr clawr caled	a hardback (book)
llyfryn tywys	guide-book
llyfu bysedd	malicious enjoyment (to lick fingers)
llyfu traed	to lick someone's boots; to flatter
llygad ar ysgwydd, bod â	to be wary or watchful (to have an eye on one's shoulder)
llygad barcud/t	a very keen eye (a kite's eye)
llygad cath	very sharp eyes (cat's eyes)
llygad craff iawn	sharp-sighted
llygad y ffynnon	the fountain-head; the source; the horse's mouth (the eye of the fountain)
llygad yn llygad	eye to eye; in agreement
llygad yr haul	the eye of the sun; direct sunlight
llywaeth fel llo	very tame (tame as a calf)

M

machlud	sunset
mae brân i frân yn rhywle; mae brân i bob brân (a dwy i frân front)	there's a partner for everyone somewhere (and two for the slut)
mae clustiau mawr gan fochyn bach	little pigs have big ears

mae eisiau clymu ei ben	he needs to have his head examined (to have his head tied)
mae gan gloddiau glustiau	walls (hedgerows) have ears
mae ganddo chwilen yn ei ben	he has a bee in his bonnet; he has an obsession (a beetle in his head)
mae hi ar ben	the situation is hopeless
mae hi'n dda 'da fi gwrdd â chi (De Cymru)	I'm pleased to meet you
mae'n dda gen i gyfarfod â chi (Gogledd Cymru)	I'm pleased to meet you
mae hi wedi dod i'r pen	the situation is hopeless; it's come to a head
mae hi wedi ei lleoli	it is set (said of a play or novel etc.)
mae arna(f) i eisiau bwyd	I'm hungry
mae syched arna(f) i	I'm thirsty (I've got a thirst)
mae'n amlwg	it's obvious
mae'n gywilydd gen i	I'm ashamed
mae'n debyg	I suppose; it's likely
mae'n dibynnu	it depends
mae'n ddigon da	it's good enough
mae'n ddrwg gen i	I'm sorry
mae'n galed arno fe/fo	it's difficult for him; he's hard put to it
mae'n gwneud y tro	it's good enough
mae'n rhesymol	it stands to reason
mae'r stori'n dew (ym mhobman)	the story is widespread
maen prawf	criterion
maen tramgwydd	stumbling-block
maes o law	in a little while
maes y gad	battlefield
magu asgwrn cefn	to nurture a backbone; to summon up courage

magu bol	to put on weight
magu esgyrn bychain	to be pregnant (to nurture small bones)
malu awyr	to talk nonsense
malu'n deilchion	to smash to smithereens
malu sôn	empty talk
mam-gu *(De Cymru)*	grandmother
Man a man i mi fynd *(De Cymru)* **Waeth i mi fynd** *(Gogledd Cymru)*	I might as well go
mân bethau	knick-knacks
man cychwyn	starting point
man geni	birthmark
mân siarad	small talk
manylion llawn	full details
masgl wy	eggshell
Mawrth Ynyd	Shrove Tuesday
meddai hi	she said
meddw gaib	blind drunk
meiddion	curds and whey
mêl ar fysedd; mêl ar ei fysedd	malicious pleasure (honey on one's fingers)
melyn fel sipsi	yellow as a gipsy
melyn fel sofren	yellow as a sovereign
melynwy	egg-yolk
mellt a tharanau	thunder and lightning
methu â byw yn ei groen	to be anxious and worried (to be unable to live in one's skin)
methu â'r rhwyf; caff gwag	to catch a crab
methu credu fy nghlustiau	to be unable to believe my ears
methu gwneud na rhych na rhawn gwellt ohono	not to understand; to make neither head not tail of it
mewn amrantiad	in a flash

mewn angen	in need
mewn arfer	in use
mewn byd garw	in a mess; worried (in a harsh world)
mewn bri	in vogue
mewn brys	in a hurry
mewn cariad	in love
mewn cawl	in a mess (in a soup)
mewn cyfyng-gyngor	in a predicament
mewn cyfyngder	up against it; in a difficult position
mewn cysylltiad â	in connection with; in touch with
mewn chwinciad	in a wink; in a flash
mewn chwinciad llygad llo	in a flash (in the wink of a calf's eye)
mewn da bryd	in good time
mewn difrif	in all seriousness; joking apart
mewn dim	in next to no time
mewn du	in mourning
mewn du a gwyn	in black and white; in writing
mewn dyled	in debt
mewn ffordd o siarad	in a manner of speaking
mewn ffydd	in faith
mewn gafael	in hand; in gear
mewn gair	in a word; briefly
mewn gobaith	in hope
mewn golwg	in view; under consideration
mewn gwaed oer	in cold blood
mewn gwedd dda	in good trim
mewn gwirionedd	in truth; actually
mewn gwth o oedran	in old age (well-stricken in years)
mewn hast/brys	in haste
mewn hwyl dda	in a good mood

mewn hwyl ddrwg/hwyliau drwg	in a bad mood
mewn llaw	in hand
mewn munud	in a minute
mewn oed	very old
mewn penbleth	in a quandary
mewn perthynas â	in relation to
mewn picil	in a pickle; in a mess
mewn pryd	in time
mewn pryder; yn bryderus	worried
mewn sicrwydd; yn sicr	sure; certain
mewn trafferth/trwbwl/trybini	in trouble
milwr hur	a mercenary
milltir fôr	nautical mile
minnau	I also; me too
mis bach	February
mis mêl	honeymoon
modfedd sgwâr	square inch
moeli clustiau	to prick up one's ears
mor (+ ansoddair) â	as (+ adjective or adverb) as
mor agos â bys yr uwd	very close (as near as the porridge finger i.e. forefinger to the thumb)
mor araf â malwoden/malwen	as slow as a snail
mor bell â	as far as
mor bur ag aur	as pure as gold
mor chwerw â'r wermod	as bitter as wormwood
mor dew â mochyn	as fat as a pig
mor dlawd â llygoden eglwys	as poor as a church mouse
mor drwm â phlwm	as heavy as lead
mor dwp â llo	very dull (as dull as a calf)
mor dwt â nyth dryw	very neat (as neat as a wren's nest)
mor dywyll â'r fagddu	pitch-black
mor ddall â'r wadd	as blind as a bat (as a mole)

mor ddiniwed â'r oen	as innocent as a new-born baby (as the lamb)
mor ddiniwed â cholomen	as innocent as a new-born baby (as a dove)
mor ddiog â ffwlbart	very lazy (as lazy as a polecat)
mor ddistaw â llygoden	as quiet as a mouse
mor ddistaw â'r bedd	as quiet as the grave
mor ddiwyd â morgrug	very industrious (as industrious as ants)
mor ddu â bol buwch	as black as night (as a cow's stomach)
mor ddu â'r fran	as black as the crow
mor effro â'r gog	wide awake (as awake as the cuckoo)
mor felys â siwgr	as sweet as honey (as sugar)
mor galed â haearn	as hard as steel (as iron)
mor goch â'r tân	as red as fire
mor gryf â cheffyl	as strong as a horse
mor gyflym â'r gwynt	as fast as the wind
mor gyfrwys â chadno	as sly as a fox
mor hapus â'r gog	as happy as the cuckoo
mor hen â phechod	as old as sin
mor iach â'r cricsyn	as fit as the cricket
mor iach â'r gneuen	as fit as a fiddle (as the nut)
mor lân â'r aur	as pure as gold; scrupulously clean
mor las â'r môr	as blue as the sea
mor llawen â'r gog	as happy as a king (as the cuckoo)
mor llithrig â'r rhew	as slippery as ice
mor llon â'r brithyll	as happy as a sandboy (as the trout)
mor oer â llyffant	unfriendly (as cold as a toad)
mor oer â'r bedd	as cold as the grave
mor olau â'r haul	as bright as the sun
mor sâl â chi	as sick as a parrot (as a dog)

mor sionc â'r dryw	very lively (as lively as a wren)
mor sobr â sant	as sober as a saint
mor stiff â phocer/phrocer	as stiff as a poker
mor styfnig â mul	as stubborn as a mule
mor sych â nyth cath	as dry as a bone (a cat's nest)
mor syth â ffon	as straight as a die (as a stick)
mor wan â blewyn	very weak (as weak as a hair)
mor wancus â'r wenci	as greedy as a pig (as the weasel)
mor wlyb â llygoden ddŵr	as wet as a water-rat
mor wyllt â'r cacwn	very wild (as wild as hornets)
mor wyn â'r eira	as white as snow
mor ysgafn â phluen	as light as a feather
môr-filltir	nautical mile
mwy a mwy	more and more
mwy na dim	more than anything
mwy na heb	more or less
mwy na thebyg	more than likely; probably
mwy neu lai	more or less
mwy o lawer	much more
mwyach	henceforth
mwyach, ni(d)/na(d)…	not any more; no more
mwyfwy	more and more
mynd â'ch croen	to exact the uttermost (to take your skin)
mynd â'ch croen oddi arnoch a dweud eich bod yn well hebddo	to take the skin off your back and tell you you're better off without it
mynd â hi	to win the day
mynd â'i ben iddo	to go to rack and ruin
mynd adre(f)	to go home
mynd ar drot cadno	unconcerned (to go at a fox-trot)
mynd ar ôl ysgyfarnog/ sgwarnog	to pursue an irrelevancy (to chase a hare)
mynd ar ei ben i helynt	to go head-on into a controversy

mynd ati	to set about it
mynd dan fy nghroen	to get under my skin; to irritate
mynd dros go(f)	to forget
mynd dros fy mhen	to go over my head; to over-rule me; to elapse (of time)
mynd fel bom	to go like a bomb; to go quickly
mynd gan bwyll	to be going steadily
mynd gerfydd ei wallt	to go unwillingly (to go by one's hair)
mynd bant	to go away
mynd i ben ei helynt	to go where you like
mynd i berfedd rhywbeth	to get to the heart of the matter
mynd i Dre-din	to go to the wall; to become bankrupt
mynd i fyny	to ascend; to go up
mynd i lawr	to descend; to go down
mynd i'r afael â	to get to grips with
mynd i'r glust â rhywun	to quarrel with someone
mynd o ddrwg i waeth	to go from bad to worse
mynd o go(f)	to be forgotten
mynd rhagddo	to make progress
mynd rhwng y cŵn a'r brain	to go to the dogs
mynd trwy ben rhywun	to set one's teeth on edge (to go through one's head)
mynd wrth ei bwysau	to go along slowly
mynd yn sarn	to lie in ruins; to fall apart
mynydd tân/tanllyd	a volcano

Na ato Duw!	God forbid!
nac yma nac acw	neither here nore there
na chynt na chwedyn	neither before not after
na dafad nac oen	neither sheep nor lamb
na ddeffro'r ci sy'n cysgu	let sleeping dogs lie
nain *(Gogledd Cymru)*	grandmother
nas defnyddir	out of date
natur dda	good humour
natur y cyw yn y cawl	a family characteristic
naw byw cath	a cat's nine lives
naw chwyth cath	a cat's nine breaths
nawddsant	patron saint

nawell	nine times better
nefi blw!	a mild oath
nefi wen!	another mild oath
nefoedd!	heavens!
nefoedd ar y ddaear	heaven on earth
neidio i'r adwy	to step into the breach
neithior	marriage feast
neithiwr	last night
nemor	hardly any
nemor (o) ddim	hardly anything
nemor un	hardly anyone
nerth esgyrn pen	very loudly
nerth bôn braich	brute strength/force
nerth braich ac ysgwydd	all one's might
nerth dy draed	as fast as you can *(singular familiar)*
nerth ei ben	as loudly as possible
nerth ei draed	full speed; at full speed
nerth ei geg/ben	at the top of one's voice; as loudly as possible
nesnes	nearer and nearer
newid fy meddwl	to change my mind
newydd-anedig	new-born
newydd droi (amser)	just gone (time)
newydd (ei) eni	just born; new-born
newydd gyrraedd	just arrived
newydd sbon	brand new
newyddion drwg	bad news
(ni) wiw iddo	he dare not; it won't do for him
(ni) wn i ddim	I don't know
nid amgen	namely
nid ar chwarae bach	not without effort
nid aur popeth melyn	all that glistens is not gold
nid cyn pryd	not before time; none too soon

nid da lle gellir gwell	don't take second best
nid ddoe y'm ganed	I wasn't born yesterday
nid felly	not so
nid nepell	not far
(ni)d oedd neb yno	there was no-one there
(ni)d oedd dim dwywaith amdani; (ni)d oedd dim dwywaith (na(d))	there was no doubt about it; without doubt
ni(d) yw yn werth ei halen	he's/it's not worth his/its salt
ni(d) oes dim gwahaniaeth	it's all one; there's no difference
nid oes dim lle yma	there's no room here
nid peth newydd yw	there's nothing new about
noethlymun (groen)	stark naked
nod masnach	trade mark
nos (y)fory	tomorrow night
nos da	good night
noson lawen	variety night (merry night)
noson waith	a week-night
noswaith dda	good evening

o achos hynny	for that reason
o anfodd fy ngên	against my will
o anfodd ei ên	in spite of himself
o anfodd ei ddannedd	against the grain; contrary to one's natural inclination or feeling
o bant i bentan/i dalar	everywhere; from beginning to end; top to bottom
o bared i bost	from pillar to post
o barch i	out of respect for

o bedwar ban y byd	from the four corners of the earth
o bell	from a distance; distantly
o bell ffordd	by far; by a long chalk
o bellafion byd	from far and wide
o ben bwy gilydd	from one end to the other
o bethau'r byd	of all things
o blaid	in favour of
o bob lliw a llun	of every shape and colour
o bob rhan	from all parts
o bob safon	of all standards
o bryd i bryd/i'w gilydd	from time to time
o bwys	of importance
o chwith	the wrong way; wrongly; inside out; awkwardly
o dipyn i beth	little by little; in a while
o doriad ei fogail	natural; instinctive
o dow i dow	dawdling; unhurried
o dras (bendefigaidd/werinol)	of (noble/humble) descent/ origins/lineage
o dro i dro	now and again; from time to time
o drwch blewyn	by a whisker; by a hair's breadth
o du ei dad	on his father's side
o dŷ i dŷ	from house to house
o ddamwain	accidentally; possibly
o ddewis	by choice
o ddifri(f) calon	in all seriousness; with real earnestness; whole-heartedly
o ddifri(f)	serious; seriously; in earnest
o ddiffyg	from a lack of
o ddigon	by far
o ddrwg i waeth	from bad to worse
o ddylanwad	of influence; influential
o eigion calon	from the depths of the heart; earnestly

o fantais	of advantage; to one's advantage
o fawr werth	of great value
o fewn cyrraedd	within reach
o fewn dim	almost; within a hair's breadth
o fewn ergyd carreg	within a stone's throw; very near
o fewn ychydig i	within an ace of
o flaen	in front of; before
o flaen ei well	in court on charge
o fol/fôn y clawdd	from humble origins
o Fôn i Fynwy	throughout Wales; from Anglesey to Gwent
o fore gwyn tan nos	from dawn to dusk
o fri	famous
o fwriad	deliberately; on purpose
o Gaergybi i Gaerdydd	throughout Wales; from Holyhead to Cardiff
o gam i gam	step by step
o ganlyniad (i)	as a result (of)
o gefndir pendefigaidd/ gwerinol	of noble/humble lineage/ descent/background
o glust i glust	in common talk from mouth to mouth (from ear to ear)
o gwbl	at all
o gwmpas	around
o 'ngho(f)	in a temper
o hanner gwaed	of mixed blood; half-breed
o hirbell	from afar
o hyd	always; all the time
o hyd ac o hyd	time and time again
o hyd braich	at arm's length
o hyn allan/ymlaen	from now on
o hynny allan	from then on
o'i anfodd	reluctantly; against one's will

o'i ben a'i bastwn ei hun	on one's own initiative; off one's own bat
o'i ben i'w draed	from head to foot
o'i berfedd a'i bastwn	on one's own initiative
o'i fodd	willingly
o'i go(f)	angry, furious
o'i gorun i'w sawdl	from head to foot
o'i gwr	in an orderly fashion; systematically; seriatim
o'i oed	for one's age
o'i le	out of (its) place or order; wrong
o'i wirfodd	voluntarily
o law i law	from hand to hand
o lawer	by far
o lech i lwyn	stealthily
o leia(f)	at least
o linach (bendefigaidd etc.)	of (noble etc.) descent/lineage
o'm gwirfodd	of my own accord
o'm pen a'm pastwn fy hun	off my own bat
o'm rhan i	for my part
o nerth i nerth	from strength to strength
o nerth braich ac ysgwydd	by physical strength; manually; by brute force
o raid	out of necessity; necessarily
o ran	in part; partly
o ran hynny	for that matter
o'r badell ffrio i'r tân	out of the frying-pan into the fire
o'r blaen	previously; former; previous, preceding
o'r braidd	hardly; scarcely
o'r brig i'r bôn	from top to bottom
o'r bron	consecutively; altogether
o'r crud i'r bedd	from the cradle to the grave

o'r cychwyn	from the start
o'r diwedd	in the end; at last
o'r enw	by the name of
o'r frest	off the cuff; extempore
o'r golwg	out of sight
o'r gorau	O.K.; very well
o'r herwydd	therefore
o'r mwya(f)	out and out; fervent
o'r newydd	anew; once again
o'r tu ôl i	in the wake of; from behind
o'r tŷ i'r ardd	out of the house into the garden
o'r un trwch	of the same thickness
o sylwedd	of substance; substantial
o un i un	one by one
o waelod calon	from the bottom of the heart
o waed da	of good blood; from a good family
o ychydig	by a whisker
ochr arall i	the other side of
ochr yn ochr	side by side
odid	rare/exceptional thing; an exception
oddi fyny	from above
oddi yma	from here
oes mul	donkey's years; a very long time
oes 'na broblem?	is there a problem?
ôl a gwrthol	to and fro
ôl-nodyn	postscript
on'd ydi'r byd yn fach!	it's a small world!
ond ar y llaw arall	but on the other hand
ond odid	probably; perhaps
oni bai am	were it not for; had it not been for
opera sebon	soap opera
oriau hamdden	spare time; leisure hours

oriau mân y bore	the small hours of the morning
oriau segur	spare time; vacant hours
orig fach	one short hour
os bydd	in the event of
os drwg cynt gwaeth wedyn	it goes from bad to worse
os Duw a'i myn	God willing
os dymunwch	if you wish *(singular polite, plural)*
os gwelwch chi'n dda	if you please; please *(singular polite, plural)*
os mynni di	if you wish *(singular familiar)*
os na	if not
os oes modd	if possible
osgoi	to fight shy of
osgoi cyfrifoldeb	to pass the buck

P

pa sawl?	how many?
pa un?	which one?
paid â	don't *(singular familiar)*
pais arfau; arfbais	coat of arms
pam ar y ddaear?	why on earth?
pam (lai)?	why (not)?
pan fynno ei galon	when one wants to (when one's heart wishes)
papur doctor	prescription; medical certificate
papur llwyd	brown wrapping-paper
papur gwrthsaim	grease-proof paper
papur sidan	tissue-paper
parlys mud	apoplexy
pawb	everybody

pawb â'i fys lle bo'i ddolur	everyone has one's own worries (with one's finger where the pain is)
pe gwelwn	if I saw
pedair awr ar hugain	twenty-four hours
pedair gwaith	four times
pedair strôc	four stroke
peidiwch â	don't
peidiwch â phoeni (am y peth)	don't worry (about it)
peidiwch â siarad lol	don't talk nonsense
peiriant golchi	washing machine
peiriant golchi llestri	dishwasher
peiriant gwneud te	electric tea-maker
peiriant tanio tu mewn	internal combustion engine
pêl-droed	football
pêl-rwyd	netball
pen blwydd y cythraul	spring-cleaning
pen punt a chynffon ddimai	cheap swank (a pound head and a halfpenny tail)
pen tost	a headache
penagored	open-ended
penbaladr	from top to bottom; the length and breadth
penben	at loggerheads
penbwl	stupid person; fat-head (tadpole)
penchwiban	empty-headed; flighty; fickle
pendramwnwgl	head over heels; headlong; topsy-turvy
pendraphen	in confusion
pendrymu; pendwmpian	to nod off; to doze
pengaled fel mul	stubborn as a mule
perfedd nos	dead of night
perfedd y wlad	the depths of the country

peri i'r gwallt godi	to make hair stand on end; to terrify
pes gwelswn	had I seen it
petaech	if you were; if you would
petawn i	if I were
pigyn clust	earache
pin cau	safety-pin
pin gefyn	shackle-pin
pin llenwi	fountain-pen
pin wal	drawing-pin
piti garw	it is/was a shame
plethu rhaff	to splice a rope
plisgyn wy	eggshell
plu eira	snowflakes
p'nawn (y)fory	tomorrow afternoon
p'nawn da	good afternoon
po fwya(f)	the greater; the more
po fwyaf y llanw mwyaf y trai	the greater the flow the more the ebb
pob copa walltog	everyone; one and all (every head with hair on it)
pob dim	everything
pob gair	every word
pob hwyl	best of luck
pob lwc	all the best
pob man	everywhere
pob math o beth	all kinds of things
pob migwrn ac asgwrn	every bone in the body (every knuckle and bone)
pob perchen enaid/anadl	every living soul
pob un	each one
pobl enwog	famous people
poen bol	stomach ache
poeni rhywun	to get one's goat

poethoffrwm	burnt offering
pont ysgwydd	the bridge of the shoulder; the collar-bone; clavicle
popeth	everything
porthi'r gwasanaeth	to respond (in a church service)
poten reis	rice pudding
pric pwdin	a scapegoat
pridd y wadd	molehill
prif atyniad	star turn
Prif Weinidog	Prime Minister
prifwyntoedd	prevailing winds
priodasfab; priodfab	bridegroom
priodasferch; priodferch	bride
problem ar y naw	a difficult problem
prosesydd geiriau	word-processor
pryd-ar-glud	meals-on-wheels
pryd golau	fair complexion
pryd hynny	then; at that time
pryd o dafod	a tirade; a telling-off
pryd tywyll	dark complexion
prydydd bol clawdd	a would-be poet; a hedgerow rhymester; poetaster
pry(f) copyn	a spider
prynu cath mewn cwd	to buy a pig in a poke
pwll glo	a coal-mine
pwno (tatws)	to mash (potatoes) *(South Wales)*
pwnc amheus/dadleuol/llosg	a moot point; a debatable or controversial matter; a burning issue
pwnio tatws	to mash potatoes
pwy a ŵyr?	who knows?
pwysig ar y naw/dros ben	extremely important
pwyso ei eiriau	to weigh one's words
pydru mynd	to go fast

plygeiniwr; boregodwr	early riser
pymthegau	middle teens

R

ras draws gwlad	cross-country race
ras gyfnewid	relay race
reit brysur	quite busy
riwl rifo	slide-rule
rŵan	now
rywsut rywfodd	rough and ready; any old how

RH

rhad ac am ddim	free (and for nothing); gratis
rhad arno!	bless him! (ironical)
rhaffu celwyddau	to lie glibly
rhag blaen	at once
rhag cywilydd iddo/ ei gywilydd!	shame on him!
rhag llaw	before hand
rhag (ofn) i	lest; in case
rhagolygon y tywydd	weather forecast
rhaid cropian cyn cerdded	one must learn to crawl before one learns to walk
rhaid iddo fynd	one must go
rhannau ymadrodd	parts of speech
rhawg	for a long time to come
rhedeg fel ewig	to run quickly (like a stag)
rhedeg o'r ffordd	to run away
rhedeg yn y gwaed	to run in the blood (of a family trait)
rhegi fel paun	to swear like a trooper (like a peacock)
Rheolau'r Ffordd Fawr	Highway Code
rhibidirês, yn	in an unending line; in an untidy string
rhincian dannedd	to gnash the teeth
rhochian fel mochyn	to grunt like a pig
rhoi anadl o blaid	to help; to support
rhoi ar ben y ffordd	to advise; to demonstrate how
rhoi ar ddeall (i rywun)	to give (someone) to understand; to lead (someone) to believe
rhoi ar gof a chadw	to record; to note

rhoi blas fy nhafod i	to give a taste of my tongue to
rhoi bys ar (rywbeth)	to put one's finger on (something)
rhoi bys ar gig noeth	to touch a sore spot
rhoi bys yn llygad	to put a finger in someone's eye
rhoi cap/het ar yr hoel	to settle in; to hang up one's hat; to be on to a good thing
rhoi cildwrn	to bribe
rhoi clec ar fy mawd	to snap my thumb; to show disdain
rhoi clun i lawr	to rest awhile; put one's thigh down
rhoi clust i rywun	to give ear to; to listen to someone
rhoi côt/coten/cosfa/crasfa/ cweir/stid	to give a thrashing
rhoi cynnig arni	to give it a try; to have a go
rhoi dannedd i rywbeth	to give something teeth; to make it effective
rhoi dau chwech am swllt	to give as good as you get
rhoi dy groen ar y pared	to put your skin on the wall; to threaten you
rhoi ei big i mewn	to poke one's nose into
rhoi fy mhen yn y dorch	to put my head in the noose
rhoi geiriau ar gân	to set words to music
rhoi gwaith drwy fy nwylo	to work quickly and effectively
rhoi hwb	to give a boost
rhoi llond pen	to tick off; to tell off
rhoi llwch yn llygaid	to throw dust in one's eyes
rhoi pob gewyn ar waith	to put every sinew to work
rhoi pryd o dafod iddo	to scold one
rhoi'r ffidl yn y to	to pack it all in
rhoi'r ddeddf i lawr	to lay down the law
rhoi'r gorau i (rywbeth)	to give up (something)
rhoi gorau i'r ymdrech	to pack it all in

rhoi'r d/troed (g)orau ymlaenaf	to put one's best foot forward; to hurry
rhoi tafod drwg i rywun	to speak unkindly or insultingly to someone
rhoi traed ar y pentan	to put up one's feet
rhoi traed dan y bwrdd	to put one's feet under the table; to settle in; to be onto a good thing
rhoi traed yn y tir	to put one's feet in the ground; to hurry
rhoi tro ar ei sawdl	to turn on one's heel; to leave suddenly
rhoi troed i lawr	to put one's foot down; to insist
rhoi troed ynddi	to put one's foot in it; to make a mess of things; to drop a clanger
rhwng bod…a	what with…and
rhwng bodd ac anfodd	with mixed feelings; grudgingly
rhwng cwsg ac effro	half-awake
rhwng eu dwylo	unexpected (loss, death)
rhwng gwŷr Pentyrch a'i gilydd	none of one's business
rhwng popeth	between everything; by and large
rhwng y cŵn a'r brain	(gone) to rack and ruin
rhwng y cŵn a'r clawdd	in a tight corner
rhwyfo dy gwch dy hun	to paddle your own canoe; to be independent
rhydd ewyllys	free will
rhyfel cartre(f)	civil war
rhyfel nerfau	war of nerves
rhyngddyn nhw a'u cawl/ a'u potes	none of my business (between them and their business)
rhyngoch chi a fi a'r wal	between you and me and the wall
rhyngom ni a'n gilydd	between ourselves
rhyngu bodd	to please

Rhys Llwyd y lleuad	the man in the moon
rhyw dro	sometime
rhywbeth arall ymlaen	something else on; another engagement
rhywbeth at ei ddant	something to one's taste (to one's tooth)
rhywbeth dan ei ewin	something worth saying; something in reserve or in hand
rhywfodd	somehow; anyhow
rhywle	somewhere; anywhere
rhywsut	somehow; anyhow
rhywsut neu'i gilydd	somehow or other
rhywun (arall)	someone (else)

S

saer coed	carpenter
saer llongau	shipwright
saer maen	stonemason
saer troliau	wheelwright; wainwright
safon byw	standard of living
saith o'r gloch	seven o'clock
sawdl y clawdd	the base of the hedge
sawl gwaith	several times
sbo	I suppose
'sdim gwahaniaeth	no matter; it doesn't matter
'sdim isio	there's no need
'sdim ots	no matter; it doesn't matter
sedd gadw	reserved seat
Sefydliad y Merched	Women's Institute
sefyll arholiad	to sit an examination
sefyll ei brawf	to stand trial; to appear in court

sefyll yn y bwlch	to stand in the breach
seiliedig ar	based on
serch hynny	in spite of that; nevertheless
seren bren	a costly, useless thing (a wooden star)
Seren y Gogledd	Pole Star
seren wib	comet; meteor
'sgen i ddim	I haven't
'sgen ti?	have you? *(singular familiar)*
'sgynnoch chi?	have you? *(singular polite, plural)*
sha nôl *(De Cymru)*	backwards
siapwch hi!	get on with it!

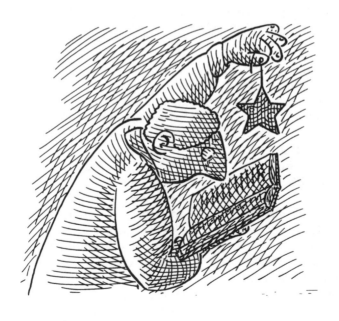

siarad â thafod yn y foch	to speak tongue in cheek/ ironically/with sly humour
siarad byrfyfyr	impromptu speaking
siarad dan ei ddannedd	to mutter under one's breath
siarad fel melin glep/fel pwll y môr	to talk continuously; to chatter on
siarad difyfyr/heb baratoi	to speak without preparation/ off the cuff/without notes
siarad siop	to talk shop
siarad siprys	to speak a mixture of Welsh and English (oats and barley mixed)
siarad trwy ei het	to talk through one's hat; to talk nonsense
siarad wrth y pwys a byw wrth yr owns	to boast; to talk big
siarad yn fyngus	to talk indistinctly
siarad yn uchel	to speak loudly
siaradwr gwadd	guest speaker
siom ar yr ochr orau	to be agreeably surprised
Siôn (edrych yn) llygad y geiniog	a man who is careful with money; a man with an eye to making a penny
Sioni bob ochr	a man who agrees with everyone
siŵr o fod	no doubt; more than likely; for sure
siwrnai dda	a good journey
'slawer dydd	a long time ago
sobr o	extremely
stori asgwrn pen llo	an unlikely tale; a tall story
stori ddatgelu	a mystery story
stori ddirgelwch	a mystery story
stori dditectif	a detective story
strim-stram-strellach	helter-skelter; all over the place
stumog at	a stomach for; a liking for

stwnsh pys	mushy/mashed peas
stwnshio *(Gogledd Cymru)*	to mash
Sul y Blodau	Palm Sunday
Sul y Fam/Mamau	Mothering Sunday; Mother's Day
Sulgwyn	Whit Sunday
Sut aflwydd?	How on earth?
Sut alla i fynd i?	How can I get to?
Sut mae hwn yn dy daro di?	How does this strike/suit you?
Sut mae mynd i?	How can I get to?
swm a sylwedd	sum and substance; the total
swyddfa'r heddlu	police station
syllu ar y bogail	to stare at the navel; to be self-centred
syniad da	good idea
synnwyr cyffredin	common sense
synnwyr digrifwch	sense of humour
synnwyr y fawd	rule of thumb
syrthio mewn cariad â	to fall in love with
syrthio rhwng dwy stôl	to fall between two stools; to fail through vacillation between two courses

T

ta waeth am hynny	it doesn't matter about that
tad bedydd	godfather
tad-cu *(De Cymru)*	grandfather
tad-yng-nghyfraith	father-in-law
taenu sôn (am un)	to make (one) a byword
tafarn datws	fish and chip shop
taflod y genau	roof of the mouth; the palate

taflu rhywbeth ar draws dannedd rhywun	to reproach someone with something (cast something in one's teeth)
taflu ei frest	to throw out one's chest; to show off; to boast
taflu'r llo a chadw'r brych	an absurd choice (to throw away the calf and keep the afterbirth)
taflu llwch i'm llygaid	to pull the wool over my eyes
taflu llygad gafr at	to cast a lecherous eye on
taflu (rhywbeth) yn ei ddannedd	to reproach one with (something)
tafod fel rasal	a tongue like a razor; a sharp tongue
tafodrwym	tongue-tied
tafodrydd	glib; garrulous
taid *(Gogledd Cymru)*	grandfather
tâl diweithdra/y di-waith	unemployment benefit
talcen anodd/caled	a difficult task
talcen fel pen-ôl cyfreithiwr	a large forehead (like a lawyer's behind)
talcen glo	the coal-face
talcen tŷ	the gable end of a house
talu ar law	to pay on the nail; to pay on the spot
talu drwy fy nhrwyn/llawer iawn/'n ddrud/'n hallt	to pay dearly; to pay through the nose
talu'r hen chwech yn ôl; talu'r pwyth	to retaliate
tameidiau	odds and ends
tân ar ei groen	to get under one's skin; something one cannot stand (fire on one's skin)
tan fy nyrnau	feeling my way (under my fists)
tân gwyllt	fireworks

tan hynny	up to that point
tân llewyrn	will-o'-the-wisp; phosphorescence
tanddaearol	underground
taenu'r gwely	to make the bed
taro deg/deuddeg	to succeed; to hit the jackpot
taro fy nhrwyn yn	to see at close hand (to bump my nose into)
taro'r hoelen ar ei phen	to hit the nail on the head
taro'r nodyn	to hit the note
tarw potel	artificial insemination
tatws drwy eu crwyn/pil	potatoes boiled or baked in their skins; jacket potatoes
taw!	you don't say! *(singular familiar)*
taw piau hi	best not to say anything
te fel cwrw Anac	strong tea (like Anac's beer)
te fel dŵr gwair	strong tea (like hay water)
te fel troed stôl	strong tea (like the leg of a stool)
te fel gwaed arth	strong tea (like bear's blood)
tebyg	similar to
teimlo ar fy nghalon	to feel in my heart; to feel impelled to
teimlo'i draed odano	to feel one's feet
teimlo i'r byw	to feel to the quick
teimlo ym mêr fy esgyrn	to feel in one's bones
tewch (â dweud)!; tewch (â sôn!)	you don't say! *(singular polite, plural)*
tin y nyth	the last-born
tin y sach	the end of one's resources
tinben	head to tail
tin-droi	to dawdle; to dally
tipyn bach	a little; a little while
tipyn o dderyn	a bit of a lad; quite a lad
tipyn o law	a favourite; a character
tithau	thou/you; on thy/your part

tocyn bob cam	a through ticket
tôn gron	a round tune; a canon
tor y llaw	the palm of the hand
torchi llewys	to roll up one's sleeves
torri ar (ei) draws	to interrupt (one)
torri asgwrn cefn (y gwaith)	to have done the bulk (of the work)
torri enw	to sign
torri gwynt	to break wind; to belch
torri i lawr	to break down (of car etc.)
torri syched	to quench thirst
torri'r garw	to break the ice
torri'r newydd (drwg)	to break the (bad) news
torri'r record	to break the record
tradwy	in three days' time
traean	a third; one third
traed chwarter i dri	splay-footed
traed hwyaden	flat feet (duck's feet)
traed moch	in a sorry state; in a real mess
trannoeth	the following day; next day; next morning
trawiad llygad	the twinkle of an eye; the twinkling of an eye
trawiad tes	heat-stroke
trefn iâr ddu	slovenly (the order of a black hen)
trennydd	the day after tomorrow; two days hence
tresio bwrw	to rain heavily
trethu ei (fy) amynedd	to try his (my) patience
treulio amser	to spend time
tri diwrnod	three days
tri wythfed	three-eighths
tridiau	three days

trin ceffyl pobl eraill	to discuss other people's business (to handle someone else's horse)
trithroed, standiau	tripod stands
tro gwael	a bad turn; a dirty trick
troi a'i din i'r gwynt	to turn tail; to refuse to face up to something
troi a throsi	to toss and turn
troi clust fyddar i	to turn a deaf ear to; to ignore
troi corff heibio	to lay out a body
troi dalen newydd	to turn over a new leaf
troi fy nhraed	to wander; to loiter; to spend time gossiping
troi fy nhraed ataf	to die
troi o boptu i'r berth	to beat about the bush
troi rhywun o gwmpas eich bys bach	to turn someone round your little finger
troi trwyn ar	to refuse; to ignore
troi trwyn rhywun	to foil/thwart someone's intentions
troi wyneb i waered	to turn turtle
troi'r ddadl/stori/gath yn y badell	to change the subject
trowsus yn cochi	trousers wearing out (reddening)
trwch asgell gwybedyn	very close (the thickness of a gnat's wing)
trwch blewyn	a hair's breadth
trwy chwys ei dalcen	by the sweat of one's brow; by hard work
trwy chwys dy wyneb	by the sweat of your brow; by hard work
trwy deg neu hagr/drwy drais	by fair means or foul
trwy drugaredd	fortunately; luckily; mercifully
trwy ddamwain	by accident; accidentally
trwy ddŵr a thân	through fire and water

trwy fabwysiadu	by adoption
trwy frad	through treachery
trwy fraich a chryfder	manually; by brute force (through arm and strength)
trwy ffydd	by faith
trwy garedigrwydd	through/by courtesy of
trwy gyda'r nos	all evening
trwy gydol	throughout (a period of time)
trwy lafur	by work or toil
trwy lwc	luckily
trwy rym	by dint of
trwy'r amser	all the time; continuously
trwy'r byd o'r bron	throughout the world; everywhere
trwy'r crwyn, tatws	jacket potatoes
trwy'r cyfan	through(out) it all
trwy'r drain a'r drysni	through thick and thin
trwy'r dydd	all day
trwy'r nos	all night
trwy'r pil, tatws	jacket potatoes
trwy'r post	by post
trwy'r tew a'r tenau	through thick and thin
trwy'r trwch	intermixed; mixed up
trwy'r tŷ ac allan	indoors and out
trwy wahoddiad	by invitation
trwyddi draw	intermingled; mixed up
trybedd	tripod
trychu a gwanu	cut and thrust
trymder gaea(f)	depth of winter
tu allan i	outside
tu hwnt i mi	beyond me
tu yma	this side
tua blwyddyn	about a year
tua thre; tuag adre(f)	homewards
tuag ymlaen	forward

tuag yn ôl (tua 'nôl)	backwards
twtio'r ardd	to potter in the garden
twll tin y byd	a horrible place (the backside of the world)
twyllo hen frithyllod	to deceive the wise (old trout)
tylino corff	to massage
tylwyth teg	fairies
tynnu ar (rywun)	to pull (someone's) leg; to tease
tynnu blew o drwyn rhywun	to do something deliberately to annoy
tynnu blewyn cwta; tynnu byrra'i docyn	to draw lots
tynnu dannedd	to draw the teeth of; to render ineffective
tynnu dŵr o ddannedd rhywun	to make someone's mouth water; to tempt (to eat)
tynnu gwep	to pull faces
tynnu llun	to photograph; to sketch
tynnu nyth cacwn yn fy mhen	to upset people; to bring trouble on myself (to bring a hornet's nest about my ears)
tynnu rhaff	tug of war
tynnu stumiau	to pull faces
tynnu rhywun yn fy mhen	to cause someone to turn against me; to offend someone
tynnu trafferth yn fy mhen	to cause myself a lot of work/bother
tynnu'r ewinedd o'r blew	to prepare oneself for a task; to set to
Tyrd!	Come! *(singular familiar)*
tyrfau a lluched *(De Cymru)*	thunder and lightning
tywallt gwaed	to shed blood
tywyllu drws	to frequent; to enter

TH

thycia hi ddim   it's to no avail

U

uchel ei gloch	noisy; vociferous
un ar ôl y llall	one after another
un tro	once upon a time
un d/troed yn y bedd	one foot in the grave; unlikely to live very long
un yn unig	just one
unig (yr unig)	only (the only)
unigryw	unique; on one's own; having no like or equal
unioni gwar	to straighten the back; to make someone feel more of a man
unllaw	one-handed
unlliw	of one or the same colour
unwaith (eto)	once (more)
Urdd Gobaith Cymru	the Welsh League of Youth
Ustus Heddwch	Justice of the Peace
uwchben ei ddigon	very well off
uwchlaw pob dim	above all

W

waeth i mi fynd *(Gogledd Cymru);* **man a man i mi fynd** *(De Cymru)*	I might as well go
waeth i ti	you might as well
wedi blino	tired
wedi blino'n lân	tired out
wedi cau	closed
wedi hen flino	exhausted; had enough
wedi hen flino ar	fed up with
wedi mynd ar ei sodlau	very tired indeed (back on one's heels)
wedi glanio ar ei draed	to be lucky; to have landed on one's feet
wedi tynnu ei berfedd	having become lethargic/listless
wedi ymddeol	retired
wedi'r cwbl/cyfan	after all
wfft iddo!	shame on him!
wfft iddo fe	don't bother about it/him
wn i ddim	I don't know
wn i ddim beth i'w ddweud am	I don't know what to say about
wnaiff hwn y tro?	will this one do?
wrth angor	at anchor
wrth dennyn	tethered; tied
wrth draed	under the guidance of; at the feet of
wrth droed	at the bottom of; at the foot of
wrth droed y mynydd	at the foot of the mountain
wrth dy fodd	in your element; delighted

wrth ei bwysau	at a leisurely pace; in one's own time; without rushing
wrth ei fodd	in one's element; delighted
wrth ei ffrwythau	by one's works; by one's deeds
wrth ei olwg	by the look of it
wrth ei waith	at (his) work
wrth eu gweithredoedd	by their works; by their deeds
wrth eu bodd	over the moon; in their element; delighted
wrth fodd ein calon, mae	we are delighted with it
wrth fy mhwysau	at my leisure
wrth gefn	in reserve; in hand; at the back of
wrth glywed; o glywed	on hearing
wrth groen ei ddannedd	by the skin of one's teeth
wrth gwrs	of course
wrth gynffon rhywun	at someone's apron-strings
wrth law	at hand; convenient
wrth linynnau ffedog ei fam	tied to his mother's apron-strings

wrth lwc	luckily; with luck
wrth natur	by nature; naturally
wrth ochr	by the side of
wrth reddf	instinctively
wrth reswm	obviously; naturally; it stands to reason
wrth sawdl rhywun	attached to someone's apron-strings
wrth sawdl/sodlau rhywun	at someone's heel; close behind
wrth wraidd	at the root; the basis of
wrth y llyw	at the helm
wrthi â'i ddeg ewin	all out; working might and main
wrthi nerth enaid a chorff	with might and main; vigorously
wrthyf fy hun(an)	on my own
wyn fel y galchen	white as a sheet/as chalk
wyneb gan, digon o	to be cheeky or forward (have enough face)
wyneb i waered	face down; upside down
wyneb yn wyneb	face to face
wynebgaled	barefaced; brazen
wysg ei drwyn	follow your nose; go where the spirit leads you
wysg ei gefn	backwards
wythnosol	weekly

Y

y bola a'r cefn	food and clothing (the belly and the back)
y bore glas	(at) daybreak
y bore 'ma	this morning

y byd a'r betws	the whole world (the world and the church)
y byd sydd ohoni	the world as it is today; the present state of the world
y cant	per cent
y creadur!	poor soul!; poor creature!
y cynta(f) i'r felin gaiff falu	first come first served
y cyw melyn ola(f)	the youngest child in the family; the last to leave home
y dall yn tywys y dall	the blind leading the blind
y diwrnod cynt	the previous day
y dydd o'r blaen	the other day
y fath beth	such a thing
y frân wen	a tell-tale bird said to report on children's bad behaviour (the white crow)
y gellir dibynnu arno	can stand the test; dependable
y gorau o ddau fyd	the best of both worlds
y Groes Goch	the Red Cross
y gwyddau yn y ceirch	the fat in the fire (the geese in the oats)
y llynedd	last year
y mae'n addas	it lends itself to
y mae'n rhesymol	it stands to reason
y man ucha(f)	at its height/peak (storm etc.)
y mis bach	February
y mis du	November, also December and January
y modd (arian)	the wherewithal (money)
y Nadolig/Dolig	Christmas
y nesa(f) peth i ddim	next to nothing
y noson o'r blaen	the other night
y Pader	the Lord's prayer
y peth i'r dim	the very thing

y peth tebyca(f) yw	most probably; the chances are
y pryd hwnnw	at that time; then
y sidydd, arwyddion; y sygnau	the signs of the Zodiac
y tafod yn rhy fawr i'r geg	speaking indistinctly (tongue too big for the mouth)
y to ifanc/to sy'n codi	the young(er) generation
y tro yma	this time
y tu allan i	outside
y tu cefn i	at the back of; behind
(ychydig o) weithiau	a few times
yfed rhywbeth ar ei dalcen	to drink something at a draught
yng nghanol; ynghanol	in the midst
yng nghanol nos	at the dead of night
yng nghefn (rhywun)	behind someone's back
yng ngheg y byd	common talk; common knowledge
yng nghegau'i gilydd	in close conversation; conspirational; conspiratorial
yng nghorff y dydd	during the day
yng nghorff yr wythnos	during the week
yng nghyflawnder yr amser	in the fullness of time
yng nghysgod	in the shadow of; overshadowed by
yng nglas y dydd	at the crack of dawn
yng ngyddfau ei gilydd	at loggerheads
ynghyd â	together with
ynglŷn â	in connection with; as regards; in respect of
ym mêr fy esgyrn	deep inside me
ym mhen fy helynt	in deep trouble
ym mhig y frân	under impossible circumstances
ym mhob dim	in everything
ym mhobman/mhob man	everywhere
ym mhwll y gaea(f)	in the depths of winter

ym myw llygad	straight in the eye
yma a thraw/ac acw	here and there
ymboeni â	to take pains over
ymdopi â	to succeed in; to manage
ymhell	far afield
ymhell mae llwynog yn lladd	search for a sweetheart away from the locality (the fox kills afar)
ymhellach	furthermore
ymhen eiliadau	within seconds
ymhen gronyn bach	in a little while
ymhen hir a hwyr	at long last
ymhen y mis	in a month's time
ymhen y rhawg	after a long time
ymlaen	onward
ymlaen llaw	in advance; beforehand
ymweld â ni	to visit us
ymwybodol o	aware of
yr adeg honno	then; at that time
yn aderyn; yn dderyn	a bit of a lad; one who is full of fun
yn agored	open
yn ail-law	second-hand
yn aml	often
yn amlach na pheidio	more often than not
yn anad dim	above all
yn anad neb	more than anyone else
yn anghyson â; yn anghytuno â	at variance with
yn answyddogol	off the record
yn ara(f) deg	slowly
yn awr ac yn y man	off and on; now and then
yn barod at/i	in readiness for
yn barod i ymladd	up in arms
yn barod ichi	at your disposal

yn ben set	at the last minute
yn benben â'i gilydd	at loggerheads
yn blentyn	as a child
yn blith draphlith	higgledy-piggledy
yn blwmp ac yn blaen	directly; bluntly
yn byw lle mae'r brain yn marw	living sparingly/frugally
yn canu fel aderyn	singing like a bird
yn crio fel babi	crying like a baby
yn crynu fel cyw mewn dwrn/ fel deilen	shaking like a leaf
yn cysgu fel mochyn	sleeping soundly; sleeping like a baby (like a pig)
yn chwyrnu fel mochyn	snoring heavily; snoring like a pig
yn chwythu fel gŵydd fach	out of breath (blowing like a gosling)
yn dew ac yn denau	thick on the ground
yn dew fel gwadd	corpulent (fat as a mole)
yn dew fel porchell	corpulent (fat as a piglet)
yn dibynnu ar drugaredd	at the mercy of
yn dow-dow	loitering; dawdling
yn draed moch ar	in a mess; in a sorry state
yn dda i ddim ond i ganlyn mul y felin	completely useless; irresponsible
yn dderyn	a bit of a lad; one who is full of fun
yn ddi-ffael	without fail
yn ddigon oer i rewi/ i sythu brain	cold (enough to freeze crows)
yn ddigywilydd fel talcen tarw	shameless; barefaced
yn ddilys ddiamau	most assuredly; unquestionably
yn ddistaw bach	on the quiet
yn ddistaw fel llygoden fach	quiet as a mouse
yn ddiweddar	recently; lately

yn ddu fel y frân	black (as a crow)
yn ddwl fel llo	stupid (as a calf)
yn ddyledus i	indebted to
yn ei afiaith	full of life; full of fun; in high spirits
yn ei bryd	in its time; in its own time
yn ei bwysau	at one's leisure; in its own time
yn ei dyb (ei hun)	in one's (own) opinion
yn ei dymer	in his temper
yn ei ddau ddwbl; yn ei ddyblau	doubled up (in pain or in laughter)
yn ei ddyled	indebted to
yn ei elfen	in one's element
yn ei farn	in one's opinion
yn ei flodau	in one's prime; at one's best
yn ei gwman	stooping
yn ei gwrcwd	squatting
yn ei gwrw	in his cups
yn ei gythraul	in a vile temper
yn ei hanner	in half
yn ei hwyliau	in good spirits; in good form
yn ei hyd	at full length; lengthwise
yn ei iawn bwyll	in one's right mind
yn ei lawn dwf	fully grown
yn ei le	in place; in its correct place
yn ei le, rhoi	put in one's place; cut down to size
yn ei seithfed nef	in clover; in his seventh heaven
yn ei dymor	in season
yn ei uchel fannau	at one's very best; in high spirits
yn erbyn dymuniad	against the wishes of
yn eu mysg	among them
yn falch fel paun/pioden	proud as a peacock (as a magpie)
yn fanwl	in detail

yn farw gelain/farw gorn gegoer	stone dead
yn flaidd	a hero; heroic
yn fodiau i gyd	all thumbs; clumsy with one's hands
yn fwy na dim	more than anything
yn fy ngwaed	in my blood
yn fy ngwegil	behind my back
yn fy mhwysau	at my leisure
yn fy myw (glas)	for the life of me
yn fy rhych fy hun	in my own niche
yn fynych	frequently
yn gadno	a sly, cunning person
yn galed ar	in difficulty; hard-pressed
yn gam neu'n gymwys	rightly or wrongly
yn gastiog fel mul	full of trickery (tricky like a mule)
yn gefn i	support; sustenance
yn gefnog	well off; wealthy; mettlesome; frisky (of horse, etc.)
yn glustiau i gyd	all ears; listening intently
yn goch	of poor quality; in bad taste
yn goch fel gwaed	red like blood
yn groes i'r graen	unwillingly; against one's will
yn grwn fel afal	round like an apple
yn gwaedu fel mochyn	bleeding like a pig
yn gweld fel cath	with eyes like a cat; sharp-sighted
yn gydwastad â	level with
yn gyflym fel sgwarnog	very fast (like a hare)
yn gyflym fel y gwynt	swift as the wind
yn gyfrifol am	responsible for
yn gyfrwys fel cadno/llwynog/ neidr/sarff	sly/cunning as a fox/snake
yn gyhoeddus	publicly
yn gynta(f) oll	first of all

yn gyrn, croen a charnau	lock, stock and barrel; the lot; all of it; hair and hide
yn gytûn	in harmony
yn hollol	entirely
yn hwyr neu'n hwyrach	sooner or later
yn hwyrach na	rather than
yn iach fy nghroen	unharmed; unhurt
yn llarpiau	in shreds
yn llawn dop	full to capacity
yn llawn egni	in full cry
yn llawn fel wy	full up
yn llawn hyd yr ymyl(on)	full to the brim
yn llawn (o) asbri	in high spirits
yn lle	instead of; in place of
yn lled dda	fairly well
yn llewys ei grys	in shirt-sleeves
yn llorweddol	horizontal
yn llwyd fel lludw	ashen-faced; pale
yn llyfrïau	in shreds
yn llyfu'r llwch	prostrate; licking the dust
yn llygad ei le	dead right; absolutely correct
yn llygad yr amser	in the nick of time; at the right time
yn llygad yr haul	in direct sunlight; in full sun
yn llygadog fel brywes	sharp-sighted (as a broth from the droplets of fat or 'eyes' on its surface)
yn llygadog fel cath	sharp-sighted as a cat
yn llywaeth fel llo	very docile; effeminate
ym mrig y nos/yr hwyr	at dusk; in the late evening
yn nannedd rhywun	in the face of opposition (in someone's teeth)
yn nannedd y gwynt	exposed to the wind
yn nes ymlaen	later on; further on

yn nhoriad ei fogail	innate; a part of someone
yn nhreigl amser	in (process of) time
yn niffyg	through the lack of
yn nyfnder nos	at the dead of night
yn ofnus fel llygoden	timid like a mouse
yn ogystal â	as well as
yn ôl	ago; back; according to
yn ôl a blaen	there and back
yn ôl ac ymlaen	backwards and forwards
yn ôl ei draed	in his footsteps
yn ôl pob sôn	by all accounts
yn ôl pob tebyg	in all probability
yn od o dda	remarkably well
yn ôl y ffeithiau	in face of the facts
yn olynol	in succession; consecutively
yn oriau mân y bore	in the early hours of the morning
yn orlawn	overflowing
yn palu/pannu arni	slogging away at it; persevering
yn peswch fel ci hela	coughing (like a hound)
yn pydru arni	slogging away at it
yn pystylad fel march	stamping like a stallion
yn rhuo fel llew	roaring like a lion
yn rhyfedd gan	to be surprised; to wonder at
yn rhywle o'i chwmpas hi	somewhere near the mark
yn sâl fel ci	as sick as a parrot (as a dog)
yn sgil	in the wake of
yn sicr/siŵr	sure; certain
yn styfnig fel mul	stubborn like a mule
yn sylfaenol	basically
yn syth	straight away
yn syth i fyny	straight up *(when giving directions)*
yn syth i lawr	straight down *(when giving directions)*

yn syth ymlaen	straight on *(when giving directions)*
yn un ac un	one by one
yn unfryd	with one accord
yn unfryd unfarn	of one accord
yn union deg	presently
yn unol â	in accordance with
yn unswydd	with/for the sole purpose
yn wastad	always
yn welw fel y galchen	white as a sheet/as chalk
yn wên o glust i glust	very pleased; smiling broadly (from ear to ear)
yn werth ei bwysau mewn aur	worth his weight in gold
yn wir	indeed
yn wyn fel eira	as white as snow
yn wyn fel y galchen	as pale as a ghost (as chalk)
yn wyneb y ffeithiau	faced with the facts; going on the evidence
yn wysg ei gefn	backwards
yn y blaen	to the forefront
yn y bôn	basically
yn y bore bach	very early in the morning
yn y byd sydd ohoni	in the world as it is; in today's world
yn y ciw/gwt	in the queue
yn y cyfamser	meanwhile
yn y cywair lleddf	in the minor key
yn y cywair llon	in the major key
yn y dim lleia(f)	in the least thing; in anything
yn y diwedd	in the end
yn y dyddiau hyn	nowadays
yn y fan	on the spot
yn y fan a'r lle	on the exact spot
yn y fantol	in the balance

yn y fargen	in the bargain; in addition
yn y felan	depressed; in the dumps
yn y glorian	in the balance
yn y gwraidd	basically
yn y gwt	in the queue
yn y lle cynta(f)	in the first place
yn y llofft	upstairs
yn y man	by and by; before long
yn y niwl	in the dark (in the fog)
yn y pellter	in the distance; in the offing
yn y pen draw	in the long run
yn ymyl	near; close by
yn yr achau	related; in the family tree
yn yr un cwch	in the same boat
yn yr unfan	on the spot
yn ysgafn fel pluen	light as a feather
yn ysu am gael mynd	itching to go
Ynad Heddwch	Justice of the Peace
Yr eiddoch yn ffyddlon	Yours faithfully
Yr eiddoch yn bur	Yours sincerely
Yr eiddoch yn gywir	Yours truly
yr Hen Gorff	the Calvinistic Methodist connexion; the Welsh Presbyterians
yr hil ddynol	the human race
yr holl ffordd	all the way
yr hwch wedi mynd drwy'r siop	bankrupt (the sow having gone through the shop)
yr hyn o'i gyfieithu	which being translated
yr oen yn dysgu i'r ddafad bori/frefu	to teach your grandmother to suck eggs (the lamb telling the sheep how to graze/bleat: presuming to advise someone who is wiser and more experienced)

y tu ôl i'r llenni	behind the scenes
yr un bogail â	exactly like; the spitting image of
yr un fath	the same
yr un ffunud â	exactly like
yr un hyd â	the same length as
yr un peth	same thing
yr un pryd	the same time
yr unig	the only; the one and only
yr union beth	the very thing
yr union le	the exact spot
yr wythnos ddiwetha(f)	last week
ys gwn i	I wonder
ystafell eistedd	sitting-room
ystafell fwyta	dining-room
ystafell groeso	reception room
ystafell wely	bedroom
ystafell ymolchi	bathroom
ysgwyd llaw at y penelin	to shake hands vigorously
ysgwydd dan faich (rhywun), rhoi	to shoulder (someone's) burden
ysgwydd yn ysgwydd	shoulder to shoulder
ystyfnig fel mul	stubborn as a mule

Sources/Ffynonellau

Ail Lyfr o Idiomau Cymraeg, R.E.Jones, Tŷ John Penry

Cwrs Cymraeg Llafar, Dan L.James, Christopher Davies

Cwrs Wlpan y Gogledd, Elwyn Hughes, Coleg Prifysgol Gogledd Cymru

Cymraeg Idiomatig, C.P.Cule, D.Brown a'i Feibion, Pen-y-bont ar Ogwr

Cymraeg i Ddysgwyr, Welsh Language Unit, Foxgate Ltd

Darluniau Byw, Mair Treharne and Cennard Davies, Gwasg Gomer

Diarhebion Cymraeg, J.J.Evans, Gwasg Gomer

Dosbarth Nos, Class Textbook, Addysg Gwynedd Education

Lluniau Llafar, Cennard Davies, Gwasg Gomer

Llyfr o Idiomau Cymraeg, R.E.Jones, Tŷ John Penry

Prentis: cylchgrawn misol cenedlaethol i ddysgwyr Cymraeg/*a national monthly magazine for learners of Welsh* Gwasg Taf Cyf

Teach Yourself Living Welsh, T.J.Rhys Jones, Hodder & Stoughton

Welsh Course Handbook, Cennard Davies and W.B.Davies, Linguaphone Institute

Y Geiriadur Mawr, ed. H.M.Evans & W.O.Thomas, Gwasg Gomer

Y Geiriau Bach, Cennard Davies, Gwasg Gomer

WELCOME TO WELSH
Heini Gruffudd

A popular, well-proven course for learners presenting the language via 15 photo-stories.
0 86243 069 0
£5.95

CYMRAEG DA
Heini Gruffudd

A full, 312-page grammar for learners, clearly and attractively presented, together with a PC disc.
0 86243 503 X
£4.95

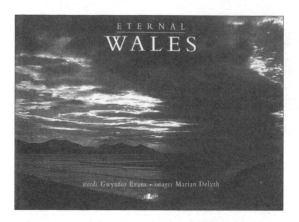

ETERNAL WALES
Gwynfor Evans & Marian Delyth
Beautiful, coffee-table book with unforgettable images of
Wales; text by Gwynfor.
0 86243 363 0
£24.95

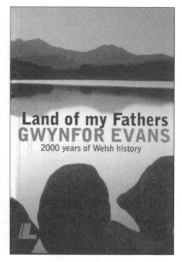

THE LAND OF MY FATHERS
Gwynfor Evans
Lucid, masterful,
comprehensive,
passionate – and
essential history of
Wales.
0 86243 265 0
£12.95

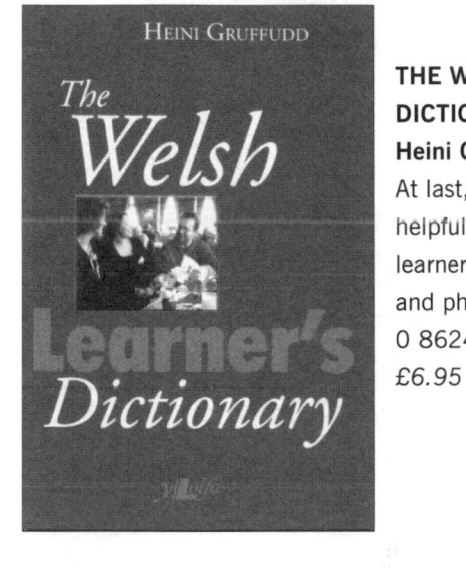

THE WELSH LEARNER'S DICTIONARY
Heini Gruffudd

At last, a really useful and helpful dictionary for Welsh learners, with 20,000 words and phrases.
0 86243 363 0
£6.95

SOSBAN FACH
ed.Stuart Brown
Great collection of
30 rugby club songs,
with music, for
Saturday night!
0 86243 134 4
£4.95

For a full list of publications,
ask for your free copy of our
new Catalogue – or simply
surf into our secure website,
www.ylolfa.com,
where you may order on-line.

TALYBONT, CEREDIGION, CYMRU (WALES) SY24 5AP
ebost ylolfa@ylolfa.com
gwefan www.ylolfa.com
ffôn (01970) 832 304
ffacs 832 782